A REALIDADE, A HUMILDADE E TODOS OS DEMAIS SENTIMENTOS

Editora Appris Ltda.
1.ª Edição - Copyright© 2023 do autor
Direitos de Edição Reservados à Editora Appris Ltda.

Nenhuma parte desta obra poderá ser utilizada indevidamente, sem estar de acordo com a Lei nº
9.610/98. Se incorreções forem encontradas, serão de exclusiva responsabilidade de seus organi-
zadores. Foi realizado o Depósito Legal na Fundação Biblioteca Nacional, de acordo com as Leis nos
10.994, de 14/12/2004, e 12.192, de 14/01/2010.

Catalogação na Fonte
Elaborado por: Josefina A. S. Guedes
Bibliotecária CRB 9/870

A636r
2023
	Antunes, Pedro
	   A Realidade, a humildade e todos os demais sentimentos / Pedro
	Antunes. – 1 ed. – Curitiba : Appris, 2023.
	   166 p. ; 23 cm.
	
	   Inclui referências.
	   ISBN 978-65-250-5427-8
	
	   1. Humildade. 2. Realidade. 3. Sentimentos. I. Título.
	
	                             CDD – 110

Appris
editora

Editora e Livraria Appris Ltda.
Av. Manoel Ribas, 2265 – Mercês
Curitiba/PR – CEP: 80810-002
Tel. (41) 3156 - 4731
www.editoraappris.com.br

Printed in Brazil
Impresso no Brasil

Pedro Antunes

A REALIDADE, A HUMILDADE E TODOS OS DEMAIS SENTIMENTOS

FICHA TÉCNICA

EDITORIAL	Augusto Coelho
	Sara C. de Andrade Coelho
COMITÊ EDITORIAL	Marli Caetano
	Andréa Barbosa Gouveia (UFPR)
	Jacques de Lima Ferreira (UP)
	Marilda Aparecida Behrens (PUCPR)
	Ana El Achkar (UNIVERSO/RJ)
	Conrado Moreira Mendes (PUC-MG)
	Eliete Correia dos Santos (UEPB)
	Fabiano Santos (UERJ/IESP)
	Francinete Fernandes de Sousa (UEPB)
	Francisco Carlos Duarte (PUCPR)
	Francisco de Assis (Fiam-Faam, SP, Brasil)
	Juliana Reichert Assunção Tonelli (UEL)
	Maria Aparecida Barbosa (USP)
	Maria Helena Zamora (PUC-Rio)
	Maria Margarida de Andrade (Umack)
	Roque Ismael da Costa Güllich (UFFS)
	Toni Reis (UFPR)
	Valdomiro de Oliveira (UFPR)
	Valério Brusamolin (IFPR)
SUPERVISOR DA PRODUÇÃO	Renata Cristina Lopes Miccelli
ASSESSORIA EDITORIAL	Nicolas da Silva Alves
REVISÃO	Katine Walmrath
PRODUÇÃO EDITORIAL	Sabrina Costa da Silva
DIAGRAMAÇÃO	Renata Cristina Lopes Miccelli
CAPA	Mateus de Andrade Porfírio
DESENHO DA CAPA	"Um brasileiro" por Pedro Antunes
REVISÃO DE PROVA	Raquel Fuchs

A Deus pela imensurável oportunidade de evolução.

Ao meu pai, Washington, à minha mãe, Eliane (in memoriam), *aos meus avós* Pedro (in memoriam) *e Delza, e a toda a minha família. Sem eles, nada disso seria possível.*

À minha iluminada inspiração e preciosa amiga, sem a qual jamais conseguiria ter forças que me impulsionassem para vencer os percalços mais duros e tirar conclusões que me amadurecessem da forma como tudo aconteceu. Toda a minha luta forjou uma incansável superação e uma grande e intensa perseverança. Dedico ao meu grande amor, Lara Silva Moraes, a minha iluminada inspiração e preciosa amiga.

AGRADECIMENTOS

Gostaria de agradecer acima de tudo aos editores, produtores e revisores da Editora Appris por seu apoio, compreensão e coragem de acreditarem neste sonho tão importante para mim. Aos meus professores Luciana Campolina, Luana Tachiki, Francisco César Santos, Pedro Gonçalves, Mariana Machado, Ana Priscila Lima, Elvis Maciel, Lígia Abreu, Deusdedith Rocha Junior, Tania Cristina de Siqueira, Alexandre Domanico, Lucas Amaral, José Fernando Patiño Torres, Homero Reis, Leonardo Humberto Soares, Ana Flávia Madureira, Claudia May Philippi, Ana Izaura Pina e Moema Müller e aos professores e funcionários do curso pré-vestibular Academia das Específicas. Todos eles sempre me estimularam a dar o melhor de mim. Aos amigos que sempre me incentivaram: Ruth Éboli, Rafael de Fássio Paulo e família, Euvaldo Antunes, João Batista Sousa, Paulo Oliveira, Junior Morgado, Karla Parthenópi Karlatopoulos, Lucrécia Ferreira, Lucineide de Lira, Eugênio Gazaneo, Giovanni Gazaneo e família, Lilian Rejane Müller da Silva, João Gonçalves da Silva, Maria Helvécia Moura, Fabiana Siqueira, Kátia Cavalcante, Viviane Meneses, Dionísia Matoss, Ana Maria Gomes, Franciléia Meneses, Brenda Campos Medeiros, João Leal Neto, Francisco Barbosa, Grupo José Petitinga, Grupo Irmão Ismael, Carlos Estevão de Araújo, Ivo Rolim, Zuzu e o Grupo Olímpia Belém. Aos amigos e mestres Robinson Samuells, Gabriel Graça de Oliveira, Daniel Magalhães Goulart e Marilda Lemos Vieira por toda a ajuda que me deram para trazer-me de volta à vida. E agradeço à amiga, mestre e revisora Vera Regina de Araújo, que me acompanhou desde os primeiros até os últimos esboços desta obra e acreditou sempre no meu potencial, isso foi fundamental para o crescimento deste projeto.

Um agradecimento mais do que especial à minha maior inspiração no meu ofício. Para mim, o grande mestre, alguém que, por meio de uma grande inflexão de ponto de vista, mudou nossos ângulos de visão infindavelmente, mudou a humanidade: o filósofo grego, pai da Filosofia, Sócrates.

Preciso transformar esse massacre em uma batalha!

(André Agassi)

Essa frase me serviu de grande inspiração por toda minha vida ao ser dita pelo tenista André Agassi depois de vencer a final do torneio Grand Slam de Roland Garros em 1999, superando o ucraniano Andrei Medvedev. Após estar perdendo por 2 sets a 0, virou para 3 sets a 2 e tornou-se o único tenista em atividade naquele exato momento a vencer os quatro torneios de Grand Slam. Essa frase nunca me deixou esmorecer, tinha que vencer. Sempre esteve em minha mente como um alarme que me deixava acordado para não desistir! Estava em meu subconsciente sempre. É e sempre foi uma grande inspiração.

Talento é 1% inspiração e 99% transpiração.

(Thomas Edison)

Ele não serve para a gente.
Eu vi você batendo naquele cara
como eu nunca vi homem nenhum apanhar antes.
E ele continuou indo em cima de você! [...]

Essas frases foram ditas pelo treinador de Apollo Creed após Apollo, campeão mundial, empatar em uma luta muito árdua valendo o título mundial dos pesos-pesados contra Rocky Balboa no roteiro e direção de Sylvester Stallone. Esse diálogo aconteceu no filme *Rocky II, A Revanche.* Apollo queria uma nova luta para se estabelecer ainda mais como lutador depois do mau resultado obtido antes contra Rocky, embora seu treinador não quisesse mais esse combate. Esse diálogo me serviu de um profundo estímulo para seguir sempre em frente, por mais que apanhasse, não desistir. Não cair, não me entregar. Todos os filmes dessa série representaram valorosos e nobres estímulos para mim. O personagem principal nunca, jamais se entregava. E eu queria ser da mesma forma.

APRESENTAÇÃO

Quantas vezes pensamos em desistir? Quantas vezes pedimos por ajuda e não escutam a nossa voz? Mas, indubitavelmente, com a humildade podemos sempre escutar a voz mais importante — a nossa. Com o sentimento de humildade, podemos nos autoconhecer e desarmar essas armadilhas psicológicas que nos são impostas pela nossa própria mente. Só reconhecendo o que não sabemos é que somos mais sábios. Como diz Sócrates. E, assim, tornamo-nos mais fortes. Só nos conhecendo melhor podemos ir além. Essa inflexão de pensamento talvez seja uma grande virada psicológica em nossas mentes, em nossas vidas, se assim o permitirmos. Inclusive e principalmente para alcançarmos a felicidade.

Quantas vezes rodopiamos de forma desconcertante em torno do nosso próprio eixo? Isso para chegarmos à mesma conclusão: devemos cultivar a humildade. O cerne desta obra, assim descrito: "A humildade como peça fundamental como nova percepção, nova compreensão e nova mudança da realidade", Gabriel Graça de Oliveira, PhD, é um convite a refletirmos profundamente em uma questão essencial para a humanidade. Esse sentimento que mudou a Filosofia, mudou e muda o homem sempre. E dá base infindavelmente à essência do que é a realidade — a circunscrição da nossa própria existência.

Embora Sócrates seja um grande norte, desenvolvo a minha visão particular sobre realidade. E é isso que vigora nesta obra. Entretanto, as questões socráticas, as quais são as minhas principais influências, são mais atuais do que nunca. Porque não falam simplesmente do conhecimento — metafísica, ética ou política —, mas, sim, de algo muito mais universal — o sentimento humano. É essa questão que é responsável por tantas contradições, mas, também, grandes superações, grandes nobrezas. É o centro orgânico do homem. E é aqui, neste livro, o lugar em que tento lutar contra importantes amarras da mente humana. É um convite ao autoconhecimento e à autoaceitação para todos nós.

Assim, em um sofrimento avassalador, mas com os conhecimentos desta obra, consegui me curar. Na autocura do TOC e da Fobia Social, definida assim nesses termos pelo meu médico psiquiatra, tentei levar o autoconhecimento socrático às últimas consequências, curando-me a todo custo; dessa forma, não podia falhar, era a minha vida, a minha esperança.

Logo, o sofrimento me consumia devastadoramente, mas creio, de forma verdadeira, que não foi em vão. Espero, sinceramente, que as pessoas de uma maneira geral se beneficiem intensamente com a conquista lograda pelo meu sofrimento extremo para melhorarem suas vidas. Acredito, com grande força, que a verdadeira felicidade é o que todos nós merecemos de forma indubitável. E é isso que devemos buscar e nos encorajar como se não tivéssemos, de forma alguma, o dia de amanhã.

O autor

PREFÁCIO

Foi com muita honra e alegria que recebi o convite de Pedro Antunes para prefaciar *A Realidade, a humildade e todos os demais sentimentos*.

A leitura de sua obra me encantou por diversos motivos. Pedro compartilha sua dolorosa história pessoal, apresentando-se a nós, seus leitores, como um homem que conhece o sofrimento humano para além do limite de sua suportabilidade. Sua narrativa é clara e faz até mesmo os mais céticos se questionarem sobre o milagre da vida.

Inconformado com os resultados insatisfatórios dos tratamentos que tentou, Pedro tornou-se um observador de si mesmo, de seus pensamentos, sentimentos e comportamentos. Foi identificando os gatilhos de seus sintomas psicopatológicos, e conscientes deles, teve a coragem de desafiá-los para tornar-se maior que eles, para dar-se conta dos labirintos da mente humana e encontrar a saída que permitiu sua libertação.

Pedro traz conceitos filosóficos, teorias psicológicas, mas, sem dúvida, é a partilha de sua experiência que confere consistência inquebrantável à sua obra. O vivido torna-se realidade e como tal, fato humano, histórico, biográfico. Aqui reside a grande mensagem auspiciosa que seu livro enseja. No pensar do autor, se foi possível para ele, pode ser possível para outros que busquem a cura de suas dores psíquicas e isso justifica o esforço empenhado por Pedro: sua generosidade.

Mas a generosidade não é sua única virtude. Pedro é um homem comprometido com a verdade e certamente daí provem a humildade apontada por ele como um caminho de cura.

De fato, são inumeráveis as dores humanas decorrentes do orgulho e da soberba. E, ao contrário, são incontáveis as libertações alcançadas por um *mindset* humilde que sabe que a vida é muito maior, que compreende quão pouco ou quase nada é possível controlar, que pede e aceita ajuda sem constrangimentos.

A humildade "sabe" que os caminhos são percorridos passo a passo e talvez seja esse um dos seus segredos: a paciência. Sim, porque a paciência é humilde, sabe esperar.

O livro de Pedro Antunes ensina muito a todos, porque é profundamente humano. Porém, advirto, não é uma leitura fácil. A nudez de sua alma não nos poupa de olharmos para nós mesmos. Aliás, esse é o papel do escritor e Pedro o faz muito bem.

O convite ao autoconhecimento e à percepção das próprias fragilidades para acolhê-las e respeitá-las é o primeiro dentre outros passos na busca de outra forma de percorrer o caminho que leve o homem à realização do seu ser. Pedro decide ser protagonista de suas curas, apropria-se da sua jornada para buscar a expansão da sua vida. E assim como faz agora chegará a fronteiras desconhecidas por ele. Sua experiência alcançará muitos corações. Oferece-nos sua história como esperança, e nunca precisamos tanto de esperança como agora.

Obrigado, Pedro, por partilhar sua história conosco!

Gabriel Graça de Oliveira

Professor de Psiquiatria e Psicologia Médica
da Faculdade de Medicina da Universidade de Brasília

SEGUNDO PREFÁCIO

O livro *A Realidade, a humildade e todos os demais sentimentos*, de autoria de Pedro Antunes, é expressão de um intelecto que não se dissocia da vida e que se desdobra em uma reflexão filosófica e existencial ancoradas na experiência. Trata-se de uma obra que expressa a sensibilidade e a criatividade de seu autor, que se articula ao estudante curioso, reflexivo e atento que tive a alegria de conhecer na disciplina de Psicologia da Educação na Universidade de Brasília.

A obra é composta por quatro partes que versam sobre diversos temas de uma experiência vivida a partir de seu caráter singular e diferenciado. Neles, a história de superação e desafios da vida de um ser humano ganham vida. Por meio de um perfil autobiográfico, de uma profunda reflexão sobre temas como o real, o metafísico, uma filosofia intrapessoal, as complexas dinâmicas do livre arbítrio, a vontade e o significativo papel dos sentimentos, trata-se de uma obra que nos convida a uma caminhada entre a filosofia e psicologia de inquestionável valor na compreensão da saúde mental e os múltiplos meandros e nuances do sofrimento psíquico.

O texto, escrito com originalidade e autenticidade pelo autor, nos apresenta uma história de vida configurada no presente e em projetos futuros, que foi perpassada por diagnósticos e diversas formas de tratamento que se mostraram pouco eficazes. Esses processos, articulados a um intenso sofrimento psíquico, levaram a uma real tentativa de suicídio. Por outro lado, o livro explora as diferentes possibilidades humanas, que se expressam em desenvolvimento intelectual, interesses artísticos e, fundamentalmente, oferecendo para o leitor uma perspectiva de mudança com o foco no trabalho com valores morais, como a humildade. Essa reflexão é tecida de modo inseparável da aceitação dos múltiplos sentimentos enquanto processo que participou da gênese das mudanças significativas acontecidas na vida de Pedro.

Nesse sentido, o processo de escrita do texto mostra um interessante diálogo entre as cosmovisões filosóficas do autor, suas experiências vividas e as complexas dinâmicas psicológicas que subjazem seu processo de mudança, culminando na superação de transtornos vivenciados ao longo de sua vida. Sendo assim, realidade, verdades absolutas, causalidades e as capacidades interpretativas do ser humano são abordadas a partir de uma ênfase na condição existencial. Com um estilo que permite alcançar tanto leitores leigos quanto especialistas na temática, o texto representa uma contribuição com a reflexão sobre a importância do caráter singular e diferenciado de uma experiência de sofrimento. Nesse sentido, é uma obra com valor para ampliar reflexões sobre as problemáticas da saúde mental, por meio da voz e do olhar humano de um autêntico protagonista, ajudando-nos a pensar nas múltiplas possibilidades do desenvolvimento humano.

Temáticas associadas com uma cosmovisão intrapessoal são trazidas de um modo relevante que nos permite vislumbrar o valor inquestionável da humildade na vida do autor e de seu uso na compreensão do sofrimento humano em diversas manifestações. Desse modo, o perdão, a justiça, a lealdade, o amor, os medos, as culpas, as incertezas, a empatia e a felicidade emergem como aspectos constitutivos de uma reflexão que nos aproxima da cotidianidade dos seres humanos. Nesse percurso, sentimentos e filosofia de vida emergem de modo inseparável como proposta para superar a dor, o sofrimento e os desafios que muitas vezes nos impõe a realidade na qual vivemos.

No último capítulo, o leitor poderá apreciar o protagonismo do autor no processo de mudança em sua vida pessoal. Reflexões sobre o livre arbítrio, a genética, a consciência, a vontade e os determinismos são trazidas como expressão de sua sagacidade intelectual, ao reconhecer limitações ainda existentes na produção do conhecimento científico. O valor da humildade, aceitação, perdão ao outro e o autoperdão, concentração, tranquilidade, autoconfiança e da programação positiva é discutido na superação dos pensamentos autodestrutivos que minaram sua vida por longo tempo. Nesse convite à reflexão, o leitor poderá enxergar a criatividade do autor no uso de ferramentas psicológicas, a emergência de estratégias próprias e uma autêntica determinação na busca de alternativas de vida.

Daniel Magalhães Goulart

Professor adjunto da Faculdade de Educação da Universidade de Brasília

SUMÁRIO

I
QUESTÕES INTRODUTÓRIAS

1
INTRODUÇÃO 24

2
PERFIL AUTOBIOGRÁFICO................................ 29

II
REALIDADE E METAFÍSICA

3
A REALIDADE 42

4
A VISÃO HUMANA MUDA POR MEIO DA EVOLUÇÃO
DO UNIVERSO 48

5
CONDIÇÃO HUMANA 51

6
UM ERRO CATEGÓRICO DO RACIOCÍNIO HUMANO 56

7
ÂNGULO DE VISÃO... 59

8
ADJETIVOS 64

9
DESCULPAS A FILÓSOFOS QUE MUITO ME INFLUENCIARAM 68

10
MÚSICA, ARTE QUE TRANSCENDE 73

III
FILOSOFIA INTRAPESSOAL

11
O VERDADEIRO FORTE 78

12
O DISCURSO DO "MELHOR" 82

13
EMPATIA 85

14
AMAR AO PRÓXIMO COMO A SI MESMO 90

15
FELICIDADE 97

IV
PARTE FINAL

16
LIVRE-ARBÍTRIO 110

17
COMO VENCI A DOR E O MEDO 117

18
CONCLUSÃO 148

REFERÊNCIAS 165

QUESTÕES INTRODUTÓRIAS

Por meio dos capítulos *Introdução* e *Perfil autobiográfico*, ofereço ao leitor maior possibilidade de compreensão e empatia inicial com toda a problemática do livro: o sofrimento, os raciocínios e as maiores questões que me levaram a escrevê-lo.

1

INTRODUÇÃO

Esta obra pensada e repensada em seu desenvolvimento se transformou em uma luta edificante, estimulante e incessante. Mas a obra não é o autor. O autor não pode ser confundido com o que escreveu jamais. Antes do livro, existe o ser humano que, com simplicidade, busca a correspondência entre o que é escrito e suas ações. Mas sabe que suas atitudes nunca vão chegar à magnitude idealista do que foi registrado. É uma luta em vão. Qualquer obra é aberta para se adaptar à realidade de acordo com suas palavras, suas ideias. Além disso, possui dimensões existenciais diferentes das do homem: o que é escrito é universal, mas o homem tem que lutar a cada instante para tentar chegar a essa condição de universalidade. O livro é algo que pode ser adaptado, reescrito ou não; a teoria é muito mais abrangente, muitas vezes sem amarras, em meio a todo o contexto. O homem está preso à realidade e à sua condição restrita de ser humano — suas contingências. E não pode fugir, não há segundas chances. Daí decorrem os grandes erros resultantes de equivocadas interpretações e da impotência do homem diante do que o circunda.

Por isso, não há falhas em não conseguir se adequar a tudo o que foi escrito, quando se tem retidão de caráter. O que há é uma busca incansável por aperfeiçoamento. Não podemos comparar o homem ao que escreveu, pois ele, diante da sua insignificância por tudo que foi colocado anteriormente, é apenas a semente de sua obra.

Os conhecimentos deste livro foram o resultado de mim mesmo como cobaia. Eu servi, humildemente, às minhas próprias angústias como alguém incansável em vencer o sofrimento, tornando-me a maior referência para duros questionamentos e conclusões. Alicerçado pela busca do autoconhecimento, pelos poucos estudos de análise do comportamento que tinha e pela filosofia como eixo norteador, por mim mesmo, sem intermediários nessa área para desenvolver quase que a totalidade do meu raciocínio, consegui com muita luta mudar minha vida.

Da mesma forma que sou uma espécie de espelho para o meu próprio conhecimento, não me iludindo com determinados caminhos longínquos, minha obra quer ter, também, nexo total com a realidade para uma melhor interpretação, uma sensata interpretação de tudo o que alcancei e o que vou conseguir. Não se prende, portanto, a elucubrações que nada têm a ver com o que vivemos. Não quero disputar, competir para dizerem se sou erudito. Tento, com essa filosofia baseada nas minhas próprias percepções, melhorar a vida de muitos, inclusive a minha, porque é essa a real função de toda forma de conhecimento. Simplificar, esclarecer; e não segregar. Com isso, meu objetivo busca grande utilidade prática. E por todos esses motivos, esta obra pretende ser um caminho mais democrático. E quanto mais abrangente, mais valoroso e benéfico, inevitavelmente, será. Assim, esse saber só pode ser útil com um verdadeiro e esclarecedor nexo com a realidade.

Se filosoficamente um raciocínio explica, de maneira contundente, um comportamento ou uma mudança de comportamento, então esse raciocínio tem uma lógica, um sentido, que pode mudar formas já edificadas, herméticas de pensamentos. É curioso como não percebemos que determinados pensamentos são duros e inflexíveis. Como, muitas vezes, essa inflexibilidade se torna natural em nossas mentes, o duro passa a ser natural. O que seria desconfortável passa a ser cômodo... Mas uma forma de raciocínio pode transformar esses comportamentos para melhor. Essa forma de pensar pode ter uma grande chance de ajudar muitas pessoas porque surgiu do autoconhecimento, aliado à filosofia. E me coloco como objeto dessas experiências. Se a minha mente conseguiu curar-me de dois transtornos mentais: Transtorno Obsessivo-Compulsivo e Fobia Social, vencer uma queda do quinto andar gerada por todas essas enfermidades, entre outros seríssimos problemas e consequências gravíssimas, então acredito que, com a filosofia intrapessoal que desenvolvi, meu autoconhecimento, o livro ajudará a melhorar a vida de muitas pessoas.

Cada pessoa tem traumas, histórias de vida, culturas e genéticas diferentes; assim, as formas de reagir a tudo são também diferentes. Mas o que coloco neste livro são os princípios mentais que me foram úteis, e acredito que também possam ser à maioria das pessoas. Esses princípios podem valer como mecanismos que também regem o consciente e o inconsciente de todos; esclarecidos, muitos deles, pela descoberta dos raciocínios filosóficos posteriormente citados neste livro.

Os conhecimentos desta obra mudaram e salvaram a minha vida. Era uma pessoa de comportamento extremamente comprometido. Portador dos dois transtornos mentais citados anteriormente, além do Transtorno Bipolar. Vivia um sofrimento descomunal, cheguei ao ponto de cometer uma real tentativa de suicídio citada também anteriormente. E passei sem sucesso por vários tratamentos psicológicos para resolver esses problemas. Era medicado por psiquiatras, mas as medicações não surtiam o efeito suficiente para conseguir a minha paz. Eu me esforçava ao máximo nos tratamentos, mas os médicos e os psicólogos não conseguiam melhorar a minha saúde. Inicialmente, todos os tratamentos eram promissores, mas os resultados finais eram frustrantes. Eles não conseguiam mais me ajudar. O meu caso era muito sério. Não sabiam o que fazer. Nada surtia efeito categórico, decisivo. Eu não conseguia mais nutrir forças. Estava com o meu estado psicológico completamente dilacerado. Mas tudo começou a mudar no dia em que, ao voltar de carro para a minha casa, saindo do apartamento da minha namorada, Lara Silva Moraes, vi que, quando não me preocupava com o que os outros pensavam a meu respeito, os meus pensamentos obsessivos paravam. Isso foi o início da minha liberdade mental com relação aos meus pensamentos intrusivos. Foi o primeiro grande passo para a minha felicidade. Comentarei melhor esse fato no capítulo 2 — "Perfil autobiográfico" — e no capítulo 17 — "Como venci a dor e o medo" — e aprofundarei mais todos os conceitos que me revelaram o caminho para vencer esses problemas no decorrer de todo o livro.

A REALIDADE, A HUMILDADE E TODOS OS DEMAIS SENTIMENTOS

Essa vitória mudou a minha percepção da realidade. E a minha percepção da realidade me mudou. A minha visão do mundo me fez enxergá-lo com uma ótica diferente, de maior humildade. Aprendi que o homem não compreende a realidade como imagina. Sua percepção está muito aquém do que é a atmosfera que circunda os fatos. E os valores morais, portanto, nos permitem ter essa visão de imparcialidade que nos faz interpretar melhor o que está à nossa volta. Graças aos conhecimentos adquiridos a partir de quando voltava de carro da casa da minha namorada, desenvolvi linhas de raciocínio no campo da filosofia, psicologia, música, literatura, desenho, no meu autoconhecimento e visão de vida.

Esses conhecimentos me permitiram a neutralização dos sintomas do Transtorno Obsessivo-Compulsivo, do Transtorno Bipolar e da Fobia Social por meio, principalmente, da reforma dos meus valores morais. Obtive a ajuda de medicações psiquiátricas, mas as medicações, sem um forte trabalho de transformação moral por intermédio de sentimentos como humildade, aceitação e caridade, não obtêm sucesso. Desses três transtornos, o único ainda medicado é o Transtorno Bipolar. Antes de vencer o TOC, fui remediado, também, durante um longo período. As medicações do Transtorno Obsessivo-Compulsivo causam problemas de compatibilidade com as medicações do Transtorno Bipolar. Hoje não tomo mais medicações que agem sobre o TOC e a Fobia Social, com a orientação, controle e supervisão do meu médico. **Não aconselho, de forma alguma, ninguém a abandonar as medicações sem orientação médica. É de extrema importância frisar isso.**

Os bons valores a que me referi foram de fundamental importância no meu processo de mudança, são eles que tento compartilhar neste livro; além de uma filosofia que busca enxergar o homem e a realidade de forma mais concreta, serena e, também, otimista e profunda. Dessa forma, não estou expondo argumentos que teoricamente fazem sentido; mas que de fato mudaram, marcaram e marcam a minha vida hoje e, por que não dizer, de uma forma definitiva. Sem esses valores, não conseguiria jamais achar o caminho perdido, em algum momento da minha vida, para encontrar a chance de vencer a cegueira dessa angústia — desespero que ceifou a minha mais genuína e viva esperança.

Os conhecimentos desta obra mudaram a minha vida porque eu assim o permiti. A mudança vem da abertura que nossa mente dá à nossa inexorável necessidade de evoluir. O mundo é uma constante mudança, assim como todos nós. Se não nos transformarmos — como tudo — dinamicamente, ficaremos "concretados", imóveis em nossa própria insipiência cultural, inflexibilidade, ignorância moral, medo de mudar, obscurantismo. Presos à inércia. A necessidade de sobrevivência me fez superar os meus maiores, mais íntimos e cruéis medos e ir além. Graças à humildade, consegui fazer o que a prepotência, o orgulho e o egoísmo jamais permitiriam no meu caso: sobreviver. O homem tem que abdicar da luta primitiva pela simples sobrevivência no mundo "civilizado" e se voltar para outros valores, outros objetivos. A existência humana em nossa sociedade é diferente, requer mais cooperação mútua. Mais empatia. E a nossa existência só conseguirá trilhar novos caminhos com o autoconhecimento e reflexões mais profundas. Foram o autoconhecimento e essas reflexões que me fizeram ser uma pessoa melhor. Evoluir. A boa mudança é a boa sobrevivência, propiciando a melhor adaptação. E essa adaptação passa pela ajuda recíproca de todos nós. É a nossa ajuda para os outros e para nós mesmos. Esta obra tenta ser um livro de filosofia, um instrumento que inspire coragem, superação. E busca fomentar em todos determinação para que esses conhecimentos, como uma centelha ardorosa, de alguma forma, sejam aplicados fundamentalmente à vida.

2

PERFIL AUTOBIOGRÁFICO

Para compreendermos como concebi os raciocínios deste livro, devemos entender melhor primeiro a minha história. A duras penas, cheguei às deduções que foram tão importantes para esta obra e que me melhoraram contundentemente como pessoa, responsáveis pelo indivíduo que sou hoje. Toda conclusão escrita no livro tem uma base empírica. Espero que, acompanhando esse perfil autobiográfico, o leitor consiga entender melhor os fatos da minha vida, o meu raciocínio e suas benéficas consequências em minha trajetória.

Não sei exatamente o tempo real em toda sua complexidade, não tenho a compreensão total de cada acontecimento. Não consigo perceber os fatos de uma forma a ter uma consciência plena de tudo que aconteceu comigo. Por isso, vou descrever tudo como me lembro. Cada situação descrita teve uma importância muito grande em minha vida. Elas tiveram severas consequências no meu passado, no meu presente e, certamente, terão em um futuro distante ou não. Por isso, vou descrever, antes de tudo, o que significativamente mais marcou em minha vida: o meu sentimento.

Com 2 anos, já sabia todas as letras do alfabeto. Conseguia ler pequenas coisas, palavras. Lia slogans de marcas famosas. Já sabia, mesmo que distante, para onde íamos, eu e minha família, de carro, porque memorizava os caminhos. Um pouco mais velho conseguia fazer comentários muito inteligentes de filmes. Tinha "tiradas" muito sagazes para o que me perguntavam. Desenhava muito bem para os poucos anos que tinha, mas sentia que algo estava errado.

Fui ao meu primeiro psicólogo aos 6 anos de idade. As coisas não estavam bem, chorava muito. Tinha algo de muito errado e eu e os meus pais não sabíamos o que era. Começava aí uma árdua peregrinação para alcançarmos um diagnóstico e começar um tratamento que diminuísse o meu sofrimento.

Aos 12 anos, tirava excelentes notas na escola, mas algo não estava bem. Sentia isso claramente, porém não conseguia dizer e entender o que era. No segundo semestre desse ano, fui ser aluno ouvinte de uma matéria de desenho no curso de Artes Plásticas na UnB graças ao empenho do meu pai, que, com muito esforço, me ajudou nisso. Na terceira aula, já estava desenhando muito bem e o meu professor ficou impressionado com o meu desempenho em tão pouco tempo. O meu rendimento era pertinente a um estudante acadêmico com muito bons resultados nessa matéria. Mas me lembro claramente de ter pensamentos intrusivos autodestrutivos que me incomodavam muito em todas as aulas. E minavam muito a minha concentração.

No ano seguinte, as minhas notas começaram a cair, não conseguia me concentrar nas aulas. E isso foi ficando pior a cada ano. Tinha grandes medos do que poderia acontecer comigo. Quando tinha 15 anos, morreu a minha primeira grande influência na música: Renato Russo, da Legião Urbana. A partir dessa influência tão especial, comecei a fazer poesias pensando em futuramente transformá-las em letras e em músicas. Sempre as embasando na minha própria filosofia. Estava dividido entre música e desenho.

Aos 16 anos, mudei de escola graças às minhas péssimas notas. Nessa outra escola, um amigo me apresentou à música clássica. Lembro-me claramente de quando escutei "As Quatro Estações" de Antonio Vivaldi, a minha vida mudou completamente. Fiquei impressionado como esse compositor desenvolvia cada melodia, era algo muito minucioso. Completamente diferente de tudo que tinha escutado. Tudo que queria ser tinha se acabado. Eu era outra pessoa. Não queria ser mais desenhista de quadrinhos, pintor ou nada mais. Queria ser músico, compositor. Fiquei apaixonado pela música como nunca tinha ficado por nada até então. Começou um grande amor, uma grande inspiração. Esse mesmo amigo me apresentou a outros compositores clássicos que dispensam comentários: Beethoven, Mozart, J. S. Bach e Chopin. E a banda de que mais gosto e com que mais me identifico pela profundidade das músicas: Pink Floyd.

Esse amigo começou a me dar aulas de guitarra, mas eu não conseguia aprender nada. A minha concentração era péssima e tinha uma grande frustração por causa disso. Não conseguia me concentrar para entender o que ele explicava, nem para tocar o instrumento. Ele me deu aulas durante quatro anos e o que consegui aprender foi muito pouco. Fizemos uma tentativa de montar uma banda com um amigo baixista, mas ficou só na tentativa. Nada dava certo.

A primeira vez que percebi o que estava realmente acontecendo foi quando estava vendo pela janela da minha sala de aula o pátio da escola Projeção Brasília. Lembro claramente de ver a quadra de futebol de salão mais ou menos paralela à minha frente, o campo de futebol mais adiante, depois da quadra, e o caminho que levava a ela. O gramado aparado contornava aquele caminho e a piscina azul à direita mais abaixo, com uma pequena escada que conduzia àquele pequeno tanque. O dia estava nublado, como nebulosa estava a minha mente e os meus sentimentos, e as nuvens sombrias, cinza, acinzentavam ainda mais a minha visão naqueles momentos árduos. A agonia era impiedosamente insondável — na minha vida nada, coisa alguma, fazia sentido. O pior infelizmente ainda estava por vir. Foi quando tive a real sensação de que os pensamentos eram exacerbados, muito além do que deveriam ser. O grande problema de ter uma dificuldade introspectiva como essa é não saber como é a mente das outras pessoas para ter como referência o tamanho do nosso problema. Sabia que essa dificuldade não era normal porque não conseguia ter um bom rendimento na escola por causa dela. Os pensamentos tomavam uma dimensão tão grande que eu não conseguia prestar atenção nas aulas, quando os meus colegas de sala conseguiam. Na maioria das vezes, ficava alheio, sem ligação e nexo com a realidade externa. Não há outra conclusão: o interior da mente é algo obscuro e isolado, um campo, muitas vezes, inóspito. Mas a primeira grande vitória tinha sido conseguida: a constatação do problema. O maior problema é não sabermos que temos o problema.

Muitas, muitas vezes, eu me sentia, por incrível que pareça, débil, altamente incapacitado. Para ser sincero, o ser humano menos inteligente deste planeta. A minha autoestima era muito baixa e para mim tudo isso era um problema muito sério, sem solução. Não via saídas, era aterrorizador. Não conseguia as respostas para o meu problema por mais que lutasse.

Na aula de Química, fomos convidados a assistir um filme que muito me marcou: *O Óleo de Lorenzo*. Com Nick Nolte e Susan Sarandon. É a dura história de um menino, Lorenzo Odone, que tem uma doença degenerativa. E seus pais, em uma luta e busca desesperada, tentam conseguir, com médicos, cientistas e grupo de pais com filhos com a mesma doença, salvar seu filho Lorenzo. Augusto Odone (Nick Nolte), depois de uma árdua luta ao lado de Michaela Odone (Susan Sarandon), consegue um tratamento que acaba com os sintomas da doença. Mas já era tarde para o seu filho. O seu organismo já estava cruelmente comprometido. Porém, esse filme me serviu de inspiração para buscar vencer o meu problema. E me deu forças preciosas para tentar sobreviver a um grande sofrimento, porque meus psicólogos na época já não conseguiam chegar a uma solução.

Aos 17 anos, tive o primeiro diagnóstico: Transtorno Obsessivo. Nesse diagnóstico não foram relatadas compulsões — atos irresistíveis e repetitivos como lavar compulsivamente as mãos, por exemplo. Ou ainda atos mentais que alguém se sente obrigado a realizar em resposta a uma obsessão, ou atos mentais executados excessivamente de acordo com regras que devem ser aplicadas de forma rígida (DSM V). A busca por simetria ou repetir palavras são exemplos de compulsões mentais. Eu tinha apenas obsessões — pensamentos intrusivos, em grande parte autodestrutivos, no meu caso. Essa nomenclatura Transtorno Obsessivo é equivocada, hoje essa patologia é denominada Transtorno Obsessivo-Compulsivo com predominância de pensamentos. Esses pensamentos completamente incontroláveis eram o que me impedia de estudar, tocar algum instrumento ou fazer qualquer atividade que exigisse muita concentração principalmente. Eram terríveis, um verdadeiro massacre que se estendeu durante 35 anos. Durante todo esse tempo, tive enormes crises por me achar incapaz, burro.

Também aos 17 anos, fui apresentado às drogas, mas nunca quis ser usuário. Naquela situação gravíssima em que me encontrava, sabia que, se eu virasse dependente, seria uma queda a um vazio sem volta. Meu psiquiatra daquela época me disse que determinadas drogas acabam com o córtex cerebral, e isso me sensibilizou ainda mais a não usar. Consegui, apesar do grande sofrimento que torna constante a ideia de fuga gerada pelas vicissitudes da vida, lutar contra a armadilha da procura pelas drogas. Não cedi à tentação de me tornar um dependente químico. Venci esse árduo desafio.

5 DE AGOSTO DE 2001

O que vou contar agora é reflexo e resultado de 20 anos de sofrimento até essa data. Uma vida sem conhecer um caminho que lhe desse sentido, sem encontrar um alívio: uma dor ininterrupta durante anos. Reflexo de três transtornos mentais: Transtorno Obsessivo-Compulsivo, Fobia Social e Transtorno Bipolar. Foi um grito de desespero por tanto sofrimento que fora irrefreável. Dias, anos sem luz.

Aquele dia talvez tenha sido o mais tenebroso da minha vida. Domingo, fui jogar futebol na casa de um amigo. Desesperado, antes de voltar para casa, fui ao apartamento dos meus pais utilizar o computador; naquela época eu morava com os meus avós. Antes de ir para o meu antigo quarto na casa dos meus pais, fui conversar com o meu pai e a minha mãe transtornado pelos meus problemas. Quando cheguei ao quarto, o computador não funcionava, estava avariado. Foi a gota d'água. Voltei para me despedir. Minha mãe sempre se despedia de mim na porta, mas estava tão cansada, graças a todos esses problemas, que ficou no sofá da sala sem ação. Fingi que fui embora e voltei para o quarto de caso pensado, decidido a pôr fim ao meu sofrimento. Já estava planejando isso há muito tempo. Não aguentava mais tanta dor. Abri a janela e me atirei do 5º andar. Eu me vi caindo, depois não me lembro de mais de nada. Lembro de ver meus pés despencando rapidamente até eu apagar bem antes do impacto da queda. Tudo que contar agora, relato desse dia, vai ser graças às lembranças da minha mãe.

Eram 9 horas da noite e a minha mãe estava assistindo com o meu pai a um programa jornalístico. Quando ela escutou o porteiro chamá-la ao interfone. E disse que um homem havia caído do 6° andar. Ele avisou à minha mãe porque ela trabalhava no condomínio do nosso bloco. O porteiro foi ver quem era e constatou que era eu. Então a chamou de novo ao interfone dizendo que era eu que tinha caído. Minha mãe ficou aterrorizada e desceu ao meu encontro. Quando chegou aonde estava caído, encontrou-me de olhos abertos, de barriga para cima e com o meu braço esquerdo quebrado. Ela me disse que ficasse quieto porque eu tinha me acidentado e que o corpo de bombeiros já estava a caminho. Foi quando o meu pai chegou, depois de chamar os bombeiros. Naquele momento, ela viu que eu estava falando, não estava sangrando, estava misteriosamente sem os meus óculos e sem os meus tênis, que estavam ao meu lado. Ficou mais aliviada. E eu estava falando coisas do tipo: "O que aconteceu? O que houve?!?". Depois chegou um médico que morava em nosso bloco, e os bombeiros. E esse médico ajudou os bombeiros a fazer um bom trabalho, salvar a minha vida. Os bombeiros chegaram lá em cinco minutos aproximadamente, porque tinham ido ajudar um rapaz que tinha brigado na UnB, perto da nossa casa, que estava com um leve corte na cabeça.

Chegando ao Hospital de Base, o médico ortopedista que me atendeu ficou observando o raio-x para decidir o que tinha que ser feito. Quando concluiu que só tinha quebrado o braço esquerdo, um bombeiro relatou que, em 20 anos de profissão, nunca tinha visto um caso como aquele. O meu médico psiquiatra na época chegou ao hospital depois que o meu pai o chamou e ficou até a meia-noite daquele dia dando apoio a mim e à minha família. A cirurgia durou aproximadamente até as 2 da manhã. Os meus pais depois foram para casa.

No dia seguinte de manhã, meus pais foram à casa dos meus avós e deram a notícia. O meu pai e a minha mãe ficaram preocupados, principalmente com o meu avô, na época, pela idade avançada. Mas depois todos se tranquilizaram e os meus avós ficaram aliviados pelo desfecho do caso, dada a gravidade da situação. Eu estava salvo do pior.

CONCLUSÃO DO CAPÍTULO

Se alguém me perguntar o que me levou a cometer esse ato de desatino, eu lhe respondo que foi o mais profundo e maior sentimento de desespero que poderia ter. Só esse sentimento absurdo que dilacera a razão, reflexo dos mais cruéis momentos de sofrimento e de dor, nos faz cometer as maiores, piores e mais inconsequentes atitudes que destroem nossas vidas inquestionável e irreversivelmente. Temos que lutar para que esses sentimentos não venham a ocorrer.

Quando parei de tomar uma das medicações que usava, por orientação do meu psiquiatra na época, meu raciocínio ampliou muito. E um amigo que gostava muito das minhas argumentações e dos meus pensamentos metafísicos me indicou alguns filósofos para ler. Estava apresentada a mim a Filosofia. O meu raciocínio tinha se ampliado muito, mas devido ao efeito colateral das novas medicações psiquiátricas que eu tomava para anular uma depressão causada por medicamentos dermatológicos, tinha muita dificuldade para me concentrar e estudar, mais ainda do que antes, e só consegui ler o meu primeiro livro de Filosofia dez anos depois, em 2012. O livro era: *Uma breve introdução à filosofia*, de Thomas Nagel, indicado por um primo sociólogo da UnB. Li revistas especializadas, conversei muito com amigos que nutriram o meu conhecimento e me ajudaram muito. Com a Filosofia, a minha vida mudou mais uma vez, como mudou com a música. Começou mais um novo grande amor. Outra grande inspiração.

Até então, eu vivia uma intensa vontade de suicídio. Provocada sempre pelo meu inconsciente por meio de julgamentos cruéis e atrozes. A minha vida inteira foi um massacre psíquico. O inconsciente destroçando o consciente. Os pensamentos obsessivos jamais me possibilitaram uma paz por mínima que fosse. Absolutamente tudo o que fazia era sabotagem mental inconsciente. Não era algo da minha vontade. A minha vontade consciente é de ser feliz, mas esse massacre me levava a atitudes extremas contra mim mesmo. Coisas contrárias ao que acreditava ser o melhor para mim. Não conseguia estudar, tocar um instrumento, namorar, comer bem, desenhar como gostaria, escrever como gostaria, ler. Tudo que envolvesse concentração e, principalmente, concentração ininterrupta me causava sérios problemas. Ou seja, eu tinha muitas e angustiantes limitações. Por tudo isso, pensava em atos como tentativas de suicídio, porque não aguentava mais o sofrimento. De tantos massacres psíquicos sem trégua, eu vivia um total, completo e profundo desespero. Mas tinha que "transformar esse massacre em uma batalha!". Passei por quatro semestres de cursinho, todos inacabados, quatro tentativas frustradas para terminar cursos superiores, um estágio sem ser completado, um curso de teclado e um curso de piano clássico também sem conclusão. Não tinha equilíbrio mental, concentração e a cognição necessária pelas medicações que usava e os transtornos que tinha.

Tinha que desenvolver um eficiente autoconhecimento para vencer esses problemas, sobreviver. Descobri que tinha Fobia Social sozinho, lendo uma revista especializada no consultório de um psicólogo. Buscava desesperadamente a solução. O sofrimento aumentava e a força ruía. Consegui começar a reverter esse massacre psíquico em aprendizado quando tive a real consciência de que, para evoluir, restava-me ser mais humilde. Sendo humildes, fica muito mais fácil reconhecer nossos erros, tentar corrigi-los, progredir; isso tudo nos deixa mais fortes. A humildade nos deixa mais fortes. Ela nos possibilita aceitar melhor as coisas, e é o início da chance de vislumbrar um novo ângulo de visão para resolvermos melhor os problemas da vida, agindo muito mais lucidamente. Quando não conseguimos resolver um problema de uma forma, temos que mudar a nossa forma de enxergá-lo, inevitavelmente, se quisermos vencê-lo.

A primeira luz que tive para vencer esse problema, graças aos meus conhecimentos de análise do comportamento, foi baseada na ideia de que essa vertente da psicologia não trabalha com o interior da mente, uma vez que pensamentos não são algo tão palpável. O psicólogo comportamentalista considera mais o comportamento. Mas pensando nisso, como estudante de psicologia do 1º semestre, eu, de certa forma, estava à frente de todos aqueles psicólogos, porque eu conhecia o interior da minha mente. Digo isso porque o doente era eu. Tinha estudado apenas até o 2º semestre incompleto do curso de psicologia, mas o tempo em que fui estudante me foi de grande valia. Naquela ocasião, não pude concluir meus estudos. Baseado nisso, comecei a estudar a minha própria mente. Pude acessar os meus pensamentos aos quais eles, os psicólogos comportamentalistas, não teriam acesso. Fui a minha própria cobaia. Usei os meus conhecimentos para neutralizar os meus transtornos mentais.

Comecei a listar os pensamentos que tinha e classificá-los.

1ª Conclusão: existem em mim dois tipos nocivos de pensamentos: os intrusivos não autodestrutivos e os intrusivos autodestrutivos.

2ª Conclusão: analisei os autodestrutivos, que são os mais nocivos, sem dúvidas. Os pensamentos intrusivos autodestrutivos são aqueles que querem destruir aquilo em que eu acredito, de bom e de ruim, provavelmente para minar o meu psicológico. **Se não acreditar nesses tipos de pensamentos, eles perderão o seu valor. Logo, como querem me destruir, não posso lhes dar crédito. Não posso alimentar aquilo que vai me aniquilar.**

Isso me deu muito mais tranquilidade para a próxima e mais decisiva descoberta minha nesse sentido. Voltando de carro da casa da minha namorada, Lara Silva Moraes, distraído, não dava mais importância para o que os outros pensavam a meu respeito. Percebi que os pensamentos não me atormentavam mais. Naquele momento, tive a clara percepção de que isso ocorria porque não ligava para o que os outros pensavam sobre mim. Bastava me preocupar com o que os outros pensavam em um outro instante, e os pensamentos voltavam. Deduzi que os meus pensamentos obsessivos estavam ligados à minha necessidade de aceitação do outro. Depois constatei que a aceitação do outro está ligada à minha. E a maior e mais importante aceitação é a minha, por mim mesmo. O comando do meu problema está com a minha própria aprovação em relação a mim. Concluí que os pensamentos obsessivos autodestrutivos aconteciam pela questão de não aceitar a mim mesmo, ao outro, ao meio e à minha dor. Portanto, todo o pensamento, as argumentações e os conceitos que dão volume e força a este livro partem desse raciocínio, dessa constatação. O sentimento que foi a grande base e força propulsora para acabar com o Transtorno Obsessivo--Compulsivo que me acompanhou durante 35 anos e que me ajudou enormemente contra a Fobia Social foi o sentimento de aceitação.

Descobri que as poucas compulsões que tinha (subclínicas) eram reflexo da não aceitação em fazê-las. E o que provocava, sem dúvida alguma ainda mais, a sua maior frequência e intensidade era o sentimento de culpa, de ansiedade e a falta de autoconfiança. Se me culpo, gero uma grande ansiedade e um grande medo, tudo isso aliado à não aceitação desses fatos. Há, portanto, uma relação de causa e efeito psíquica incontrolável e desconcertante. Inevitavelmente, a falta de autoafirmação aumenta significativamente o quadro. Sob outra perspectiva, a autoconfiança ajuda a melhorar a memória para não fazer repetitivamente as coisas. Mas eliminando todas essas pressões nesses atos da compulsão, acabam a ação e a compulsão em si. Consegui aos poucos controlar todo o meu quadro.

Baseando-me em todo o meu panorama, o meu problema era um quebra-cabeça, um grande enigma. Ninguém tinha as respostas. Eu tinha que lutar o máximo que pudesse. Porque, se não montasse o quebra-cabeça, ou não conseguisse chegar à resposta desse enigma, pagaria com a minha própria vida. Se não me melhorasse como pessoa moral e intelectualmente de uma forma decisiva, não sobreviveria a essa prova. Era uma luta em que não havia como retroceder. Ou vencia ou sucumbia, acabando com a minha própria existência. Não tinha escolhas. Ou "desarmava a bomba" dentro da minha cabeça, ou explodia com ela, sensata e humildemente falando.

Os fatos relatados neste capítulo são importantes para melhor compreender o que vai ser analisado e comentado a partir de agora: o porquê de como cheguei a todas as minhas conclusões, o sofrimento que me levou a elas, a base de todo o meu raciocínio e o desenvolvimento e fechamento de todo o pensamento que cuidadosamente poli. Tive que aperfeiçoar minha inteligência intrapessoal, meu autoconhecimento, para ficarem compatíveis com as circunstâncias e me possibilitarem felizmente superar todos esses graves problemas. Graças à minha história, pude desenvolver pensamentos que me fizeram sobreviver e ter uma visão mais ampla, panorâmica e profunda do mundo, do outro e de mim mesmo. E sou grato hoje profundamente a todas as dificuldades, mesmo que gritantes, desoladoras e desesperadoras, que aconteceram em minha vida. Porque, devido a elas, pude me tornar uma pessoa muito, muito melhor, por meio de um sofrimento pelo qual, sinceramente, se tivesse que passar de novo, não gostaria. Mas ele foi útil para enxergar as coisas como enxergo hoje. Agradeço a oportunidade de tentar fazer algo enobrecedor graças às duras, mas engrandecedoras experiências que foram colocadas em todo o meu caminho. *O que não me mata, me torna mais forte* (Friedrich Nietzsche).

II

REALIDADE E METAFÍSICA

Neste conjunto de capítulos, tenho como proposta direcionar os conhecimentos de filosofia que acredito serem úteis para aproximar de uma forma empírica e concreta o homem da Realidade. E isso só é possível por meio de uma verdadeira luta e da consciência contra a prepotência ou a soberba para tentar impedir que o ser humano caia em abismos profundamente cruéis e irreversíveis. Nesse sentido, o propósito deste livro é ajudar a clarear a percepção imprescindível de que o homem não é nada diante da Realidade. E deve, inevitavelmente, aprender com ela.

3

A REALIDADE

A Realidade[1] é uma teia flutuante, muitas vezes imperceptível ao olho humano, ligada a fatos e todos eles estão submetidos às mesmas e drásticas leis do universo. Não há fugas, fugas mentais são irreais. Por mais que essa Realidade seja flexível, ninguém escapa de sua implacável teia. O homem não tem como fugir a essa condição. É um grande suplício, um grande tormento. Ele não se liberta de sua árdua cegueira porque só vê o outro homem e a ele mesmo com as mesmas vendas, os mesmos olhos, a mesma ignorância moral. Tudo isso o impede de enxergar a Verdade[1] como deveria, mas ela existe e disso é impossível escapar.

A Realidade permeia os olhos de todos, muitas vezes sem nos lembrarmos de que ela existe, e por meio dela estão as respostas, chaves para abrirmos as portas de segredos indecifráveis e, com isso, transpormos os abismos sem fundo e traiçoeiros da existência. Mas o homem, muitas vezes, na sua infelicidade, não se liberta de sua cegueira para algo definitivamente melhor. É como se vivesse na escuridão de uma noite sem fim e não vislumbrasse se libertar dela para ver as maravilhas existentes a poucos metros de distância. O homem, em grande parte, não se liberta porque tem medo de se olhar no espelho para se ver realmente e ver a teia tenebrosamente obscura que virou sua vida. Lamentavelmente, não consegue conquistar algo melhor.

A Verdade e a Realidade são feitas de fatos que podem ser a solução de muitos problemas, mas o ser humano não abstrai esses fatos totalmente. A Verdade é feita de acontecimentos a cuja real

---

[1] Realidade e Verdade com letras maiúsculas porque são um sentido próprio de realidade e verdade que defendo e explícito neste livro.

A REALIDADE, A HUMILDADE E TODOS OS DEMAIS SENTIMENTOS

total grandeza as interpretações humanas nunca chegam, não conseguem abrangê-las. Essas interpretações permitem distorções de informações — falsas verdades. A capacidade de mudar o ponto de vista com sensatez o faria enxergar melhor, se assim o permitisse. Partindo do ponto de vista da dificuldade humana, existe mais uma realidade que pouco se enxerga: a dos fatos passados, que tem a possibilidade ainda menor de uma observação criteriosa da nossa espécie. Esses fatos ligam a Verdade do passado à do presente. Existem "verdades" — milhões delas — a que o homem não tem acesso por não conseguir apreendê-las. Seriam as respostas para muitas questões. Mudar a forma como identifica fatos passados, talvez, seja a chave para desvendar muitos mistérios aparentemente insolúveis.

A Realidade é algo, sem redundâncias, real. Aconteceu e acontece e, quem sabe, acontecerá. Ela existe. No entanto, a Verdade Absoluta é uma abstração possível de uma construção ininterrupta de fatos do universo que o homem em seu estado restrito não consegue compreender e apreender por completo. Ela seria uma concepção humana se o homem conseguisse absorvê-la totalmente. Mas ela existe. E existe graças à Realidade a que está intrinsecamente ligada. A prova de que existe a Verdade Absoluta — e não interpretações somente, como muitos acreditam — é a relação de causa e efeito universal dos fatos que refletem a própria Verdade Absoluta que circunda todos esses fatos, que nos circunda. A relação de causa e efeito é mais concreta que apenas interpretações. A Realidade e a Verdade total estão muito acima das interpretações humanas. O fato concreto existe independentemente do homem. O homem nunca enxergará totalmente a Verdade só com interpretações. A Realidade e a Verdade são muito mais complexas e intangíveis à abstração humana, portanto. E o princípio básico que une a Verdade Absoluta, os princípios da Realidade e a própria Realidade em si é a mecânica da causalidade. A repetição de fenômenos da natureza e acontecimentos humanos importantes revelam uma ordem que obedece a um sentido, mesmo que, talvez, desconhecido, independentemente da nossa interpretação. As leis do universo como algo altamente estruturado, também, obedecem a ordenações muito rígidas. Não sabemos que preceitos são exatamente, mas devemos observar que existe algo de muito bem-equilibrado na estrutura de todo o cosmos, e ao mesmo tempo repetitivo, e em muitos casos cíclico, apesar das falhas da imperfeição humana neste planeta. Tanto as leis do universo como o comportamento humano reincidem em padrões.

Embora o universo esteja em ordem, há uma fragilidade humana contundente. O homem não sabe como será o dia do seu amanhã. Quer controlar algo que nunca vai conseguir: o futuro. Analisando nesse prisma, o conhecimento da Verdade Absoluta tem um alcance do futuro que só o conhecimento da Realidade não permite. Com essa Verdade, graças aos acontecimentos do passado e do presente, há a possibilidade de uma leitura de todos os fatos. Pode-se chegar a uma previsão mais precisa do futuro do que o homem imagina, mas o homem não consegue ter acesso a isso porque não domina a sua realidade tampouco a Verdade que acha conhecer. Ele é altamente limitado na sua condição de dominar o passado, o presente e o futuro, mas, na maioria das vezes, muito presunçoso inclusive para reconhecer suas limitações. Por isso, a sua condição é uma prisão; o homem não está preso ao tempo como pensa, mas às suas ideias que não condizem com a mecânica do universo e que poderiam verdadeiramente libertá-lo. Nós estamos presos à nossa condição de seres humanos e à nossa ideia de realidade.

A Verdade é feita de inúmeros fatos que se relacionam entre si — causalidades — e que o homem não consegue abstrair por completo. Conhece apenas partes dela, "verdades" que não estão ligadas ao real todo. E esse todo é o que faz a diferença inexoravelmente. Uma realidade não é estanque. E a captação de partes da Verdade não abrange o todo. Portanto, há a perda de fatos cruciais que possibilitariam entender melhor o contexto e chegar um pouco mais perto da Verdade. Essa captação de partes gera mal-entendidos catastróficos consequentemente. É como se alguém começasse a assistir a um filme de suspense do meio, não visse o desfecho e quisesse falar sobre ele para outras pessoas como se tivesse visto o filme completo. A visão é altamente deficiente, pois, ao perder o início e o fim do filme, o homem o interpreta de forma equivocada com opiniões que o levam para longe da Verdade. O homem compreende parte da Verdade, mas para compreendê-la melhor, inclusive seus princípios, é indispensável que tenha humildade. A humildade possibilita a mente aberta. E a arrogância, muitas vezes, ofusca a circunscrita interpretação da Realidade. E o homem, portanto, erra em julgamentos e conceitos aquém da grandeza real dos fatos pela sua forma equivocada de lidar com o todo.

A forma como o homem se perde diante da grandeza dos fatos, dos acontecimentos como um todo, e nas "pequenas verdades" do passado e do presente, revela que ele também se perde na visão do "erro", que só é realmente medido pelas suas consequências inseridas na Realidade. Um "erro" não tão grande pode ser lembrado por muito, muito tempo se as suas consequências forem desastrosas. Mas um "erro" muito maior pode ser perdoado, se o seu dano for sanado, contornado. A Realidade é dinâmica e imprevisível, portanto. Por esses e outros tantos motivos, é impossível prevê-la em larga escala porque não sabemos suas reais consequências. Não conseguimos dominar os fatos e as suas interpretações, portanto. Não sabemos se um "erro" será realmente um erro. Muitas vezes, só o futuro dirá. Inevitavelmente, a questão do erro, o que ele representa, a ótica sobre ele, como o encaramos são apenas interpretações humanas. A Realidade está muito além das interpretações humanas.

Em relação a fatos e interpretações — "Contra o positivismo, que para perante os fenômenos e diz: 'Há apenas fatos', eu digo: 'Ao contrário, fatos é o que não há: há apenas interpretações", Friedrich Nietzsche. Rubens Alves, no livro *Filosofia da ciência*, em relação ao discurso de Augusto Comte, pai do positivismo, observa que a manifestação desse positivista contrasta essencialmente com a de Nietzsche. Comte acreditava que a pura imaginação perde a supremacia em meio à observação como sendo a única base de conhecimentos acessíveis. Dizendo que só os fatos nos autorizam às reais conclusões.

Acredito que há causas e efeitos que justificam uma realidade. E que as interpretações são importantes porque geram novos pensamentos que conduzem a ações, que conduzem a novas causas e efeitos concretos. Mas não sou radical ao ponto de Nietzsche em dizer que não há fatos, como também não sou inflexível como Comte em dizer que só fatos têm a grande supremacia como um grande ponto final em meio às análises das circunstâncias.

Vejo as interpretações como algo importante para o desencadeamento dos fatos. Mas não podemos analisá-las com mais precisão porque não são tão palpáveis. Porém não podemos descartá-las. Os fatos são algo mais observáveis, fazem parte de uma realidade mais incontestável, e, também, não podemos ignorá-los. Na maioria das vezes, as ações humanas que se resumem a fatos humanos refletem a realidade de suas interpretações (pensamentos). Mas nem sempre determinados fatos exprimem como seria a concreta intenção de seus idealizadores. Considerando que as interpretações podem mover novos atos de acordo com os seus pensamentos, dizemos que elas por si mesmas não movimentam uma ação. Precisam da realização prática para torná-la concluída. Dando um exemplo: uma má intenção não faz o ato de um assassinato. Mas o fato de matar, sim. O pensamento é importante, porém o ato do homicídio, muito mais. Uma pessoa pode querer matar alguém várias vezes, mas se não o fizer, nada acontece. Logo, o fato tem um impacto muito mais profundo na Realidade do que a interpretação.

Os fatos existem e estão relacionados à complexa e vastíssima Verdade. A Verdade existe, porém, o homem não consegue compreendê-la totalmente. Por isso, a interpretação é importante para ele porque é a sua simples forma de ver a Realidade e compreender as coisas. Como o ser humano não enxerga a Verdade totalmente, ele a despreza; despreza a magnitude dos fatos e a relação entre eles. A Verdade é formada, também, por esses fatos. A Verdade existe, logo fatos existem, independentemente das interpretações do homem.

As interpretações, implacavelmente, giram em torno sempre da Realidade. A atmosfera das circunstâncias, portanto, não deixa escapatórias: a interpretação humana está aquém dos fatos, da Verdade, e nos enganamos quanto ao que seria a Verdade. A saída do homem está na busca, mesmo que sofrida e atônita, pela

Verdade, e não na fuga dela por meio de artifícios gerados pela sua fraqueza, acometidos por não olhar de frente as circunstâncias. O conhecimento, a percepção e a vivência da Realidade e da Verdade estão intimamente interligados. Dessa forma, os conhecimentos que abrangem a Realidade e a Verdade devem ser mais bem interpretados bem como seus princípios. Só assim todos nós podemos fazer, para o bem de todos, para todos nós, parte do que seria a mesma e indivisa Realidade. Não uma realidade apenas conceitual, superficial, preconceituosa, mas de um mundo concreto, uma realidade humana na mais pura acepção da palavra.

Observação: todos nós temos a ideia de que, quando fazemos algo de natureza edificante, a grande possibilidade — devido ao mecanismo da causalidade — é a consequência benéfica. Essa concepção é trabalhada nesta obra e baseada nas relações de causa e efeito descritas em todo o livro. Mas, infelizmente, isso não ocorre sempre. Há exceções. O desenrolar dessas relações não é puramente matemático. As relações de causa e efeito são influenciadas, muitas vezes, pelos participantes das ações, pelo meio, entre outros fatores diversos, a ter consequências imprevisíveis. Apesar da imprevisibilidade das ações, a própria mecânica dos fatos e a causalidade em si possibilitam que a tendência natural seja o engrandecimento de todos pela força dessa relação incontestável de causa e efeito nos acontecimentos, se fizermos o bem.

A VISÃO HUMANA MUDA POR MEIO DA EVOLUÇÃO DO UNIVERSO

Em meio à escuridão fria e uma poeira fina que cega nossos olhos, a visão humana muda por meio da evolução do universo. Transforma interpretações equivocadas. Redimensiona, inevitavelmente, o simples entendimento do homem se comparado à complexidade da Realidade. A prova disso são fontes importantes do conhecimento como a filosofia, a ciência e a religião que modificaram seus pontos de vista ao longo da história e ajudaram no entendimento do ser humano ao buscar uma jornada mais engrandecedora. Mas, muitas vezes, não foi assim. O entendimento do homem acerca da Realidade, alicerçado nas limitações das fontes importantes do conhecimento, nem sempre obteve êxito. Há retrocessos, infelizmente, na caminhada humana.

Na religião, adeptos do catolicismo cometeram vários atos que julgavam pertinentes e séculos depois, por intermédio de reformulações no conceito da Igreja Católica, outros sectários admitiram que esses atos não condiziam com os princípios os quais a Igreja defendia e defende até hoje. Como a Santa Inquisição, por exemplo.

Na área do conhecimento e pensamento filosófico, há mudanças de visão concernentes ao pensamento filosófico de cada época, por vezes reestruturado por pensadores ou por movimentos de pensadores que mudam o raciocínio pré-instituído.

Na Ciência, o próprio desenvolvimento do "andar científico" comporta isso. Essa transformação do conhecimento é possível com auxílio de novos experimentos e aprimoramentos da metodologia científica, que podem ser ilustrados como a mudança de modelos científicos, que há séculos eram vistos como quase imutáveis. Portanto, a mudança dos paradigmas científicos e da visão da ciência é uma constante, que se manifesta principalmente pela forma como a comunidade acadêmica científica vislumbra a realidade em questão.

Nem a observação humana, nem a interpretação são absolutas, a cada momento notamos algo novo que nos é importante. Temos que reavaliar nossas observações a todo momento. O meio, nossas experiências, nossa cultura mudam a cada dia e nos fazem ter opiniões diferentes sobre a mesma coisa em momentos diferentes. Não há nada concluído sobre nada.

Assim é com todas as formas de conhecimento. Nenhuma delas está acima de toda a Realidade. Não podemos utilizar o conhecimento como base para atos de presunção e, com isso, nos afundar no que não é o sentido de todo esse estudo: a busca pelo verdadeiro saber. A busca pelo intenso aprendizado deve almejar a melhora do homem em todos os sentidos. A melhora do homem está calcada na mudança. E essa mudança provém, inevitavelmente, da mecânica do universo, ele é dinâmico, assim como todo o nosso mínimo ambiente, as nossas mínimas atitudes. Viemos do cosmos e estamos sujeitos aos seus princípios. Assim deveria ser a atitude do ser humano: mudar a sua visão baseada na evolução de tudo, do cosmos. O enxergar do homem poderia ser dinâmico, logo, esse vivo movimento, essa compreensão, seria o mais genuíno reflexo do meio que o envolve.

Como uma forma de conhecimento pode evoluir se ela já está concluída? Como a interpretação humana pode ser conclusiva perante os fatos, se não abstrai o que seria totalmente a Realidade? A interpretação humana não pode ser o mais importante, porque gira em torno de fatos. Talvez, seja o mais importante para o homem, mas não tem a relevância que ele acha que ela deveria ter. Porque não é conclusiva, filosoficamente falando. Não é absoluta. Porque o homem não é absoluto. Nem nada do que sente, pensa e faz o é.

Portanto, a visão humana sempre muda. Mas, implacavelmente, há fatos, inúmeras vezes, muito mais inflexíveis que essa visão. Fatos que independem das atitudes e do vislumbrar humano para se modificar, como a mecânica do universo. Embora o cosmos seja dinâmico, muitas coisas, talvez, nunca mudem, jamais se transformem como gostaríamos. E é preciso humildade para enfrentar e se adaptar a essa situação. Por não pensarmos dessa forma, a nossa visão nos leva a erros de interpretação, de precisão, de abstração, mas por meio desses erros nossa capacidade de aprendizado nos faz evoluir. Aprender com nossas falhas, o que nos guia a progredir independentemente do nosso simples querer, faz parte da nossa sobrevivência. E, muitas vezes, quando percebemos que a nossa visão restrita, de curto alcance, limita em muito as nossas escolhas, despertamos para o crescimento; conseguimos nos redimir diante da história e corrigir nossos erros, buscando uma existência mais justa e digna. E, assim, alcançamos a felicidade.

5

CONDIÇÃO HUMANA

Como uma grande e lenta engrenagem de um complexo relógio que é o universo, a evolução humana passa por um duro processo de aperfeiçoamento moral, imposto pela dor e pelo sofrimento. Quando o homem não encara a Realidade e fatos que compõem a Verdade de forma lúcida, sensata e moralmente digna, pode haver graves consequências para todos, inclusive para ele mesmo.

A Realidade possui princípios que regem a condição humana. E isso tem a ver com o sofrimento. Se o homem sofre e luta para ficar bem apesar da dor, é porque está evoluindo e aprendendo com ela. Mas se ele é torpe, violenta de alguma forma a sua dignidade e as dos outros, vive um falso bem-estar, e revolta-se contra a vida. Não conseguirá ter a paz de espírito necessária para ter tranquilidade e felicidade, pois nada que o desequilibra cruelmente e aos outros lhe dará segurança. E a segurança é fundamental para a felicidade. O homem, infelizmente e na maioria das vezes, tem que sofrer para mudar. Esse sofrimento o faz entender um pouco a mecânica da vida. Se sofre, mas melhora com sua luta, a tendência é tentar sair do sofrimento sempre. E querer não voltar mais a ele. Quem experimenta um sentimento de um bem maior não costuma querer voltar às trevas jamais. E embora seja muito doloroso e árduo, esse é o caminho pelo qual o homem pode e consegue trilhar. O ser humano se aperfeiçoa pela dor. É a condição humana para vencer. O amadurecimento o faz repensar e mudar hábitos que poderiam destruí-lo. É um princípio evolutivo, muitas vezes implacável, mas que acaba, independentemente de qualquer coisa, por nos ajudar. E, muitas vezes, não temos escolhas. O sofrimento é fundamental para a evolução do nosso planeta: a dor é uma forma inteligente e ordenada do universo para o progresso.

Talvez, a culpa da nossa dor não esteja em um possível criador ou no acaso. É a condição humana que é cruel e pouco evoluída. É a forma de o homem encarar o sofrimento com revolta, com rancor... Muitas vezes, sem a mínima serenidade para lidar com conflitos, quando poderia tirar reais aprendizados do que o rodeia. Se o caminhar do homem, mesmo por meio da dor, puder ser na direção do bem, a sua consciência se moldará para esse bem, permitindo-lhe evoluir mais. O homem precisa do sofrimento para crescer e a dor é uma mola, um impulso para fazer a espécie humana transcender.

Se a tendência do homem for a tendência do universo: de ordem — que seria o princípio do cosmos —, o ser humano como ser evolutivo desse cosmos encontrará a ordem, a paz. A dor e o sofrimento são leis ou meios para a melhora do homem segundo sua condição precária moral para encontrar essa paz. É a lei da evolução. A dor é necessária. O homem não consegue vislumbrar a paz sem passar pela dor. Não há "céus" sem "infernos terrestres". A luta existe para algo melhor. O homem, em sua condição, só evoluirá dessa forma. Por isso, não há como fugir. É a condição humana.

O ser humano é diferente um do outro e isso é inegável, mas ninguém excede a condição de ser humano, de ser da espécie humana. O homem pode estar melhor ou pior física, financeira ou socialmente em uma ou outra condição, porém não significa dizer que, na vida, o menos afortunado estará sempre pior de que o mais bem-sucedido. E que esse último fique imune a um grande mal. Tudo é transitório. Por não verem essa transitoriedade, alguns homens se acham superiores a outros pelo fato de terem uma habilidade excelente em algo, pelo lugar onde nasceram, pela sua raça, pela sua etnia, pela sua condição social. O indivíduo que se julga superior em quaisquer áreas que sejam pode ser melhor naquilo ou privilegiado em alguma outra coisa, em um determinado assunto, mas não vê que, ainda sim, a sua condição é de ser humano. E pode ser vítima das mesmas intempéries que qualquer outro. Pode cair nos mesmos erros. Cometer os mesmos vacilos. Ele é melhor em algo, mas, ainda assim, é um ser humano como todos os outros. Pode ter uma habilidade maior em alguma coisa, mas não deixa de ser um ser humano. E estamos sob as mesmas leis de um universo que abrange a todos. Materialmente

A REALIDADE, A HUMILDADE E TODOS OS DEMAIS SENTIMENTOS

falando, vamos ter o mesmo fim. Vamos ser comidos pelos mesmos tipos de vermes. E a "superioridade" de alguns não pode fazer nada contra isso.

Mas há conquistas que não podem ser compradas. Que não dizem respeito a "superioridades", essas são as mais importantes. A felicidade moral é muito mais realizadora que a "felicidade material". As conquistas que, realmente, nos engrandecem vão além de valores materiais. E isso ninguém tira. Não são títulos. Estão muito mais ligadas à felicidade. A uma realidade mais profunda. Essas são as maiores vitórias.

A existência do ser humano só é garantida pelo seu sofrimento. Se não fosse por essa condição de adversidade, esse impeditivo do fim, o homem já teria destruído o meio — inclusive o meio ambiente —, o próximo, a ele mesmo e ao mundo. Isto é, a dificuldade e o medo são o que o faz refletir, raciocinar melhor, ser mais cauteloso e não cometer atos de desatino. A dificuldade, muitas vezes, gera o medo que o faz dar dois passos para trás. O medo do sofrimento, em determinados momentos, deixa o homem sóbrio e mais sensato. O temor do obstáculo e de suas más consequências, muitas vezes, o impede de se mostrar melhor do que gostaria. A dificuldade, ao contrário do que muitos pensam, é o que mais faz o ser humano evoluir e, por incrível que pareça, não o destrói como pensamos. A preservação do ser humano está intrinsecamente ligada às suas dificuldades.

As dificuldades e o sofrimento humano são proporcionais à capacidade de mudar: quanto mais dificuldades e sofrimento, maior a possibilidade de mudar de forma benigna ou nociva. Quanto mais nos modificamos para o bem, menos sofremos. E é de fundamental importância para essa mudança a humildade, para proporcionar essa transformação. Só vence verdadeiramente quem muda, evolui, se supera.

Se o homem, como muitos animais, é destinado à adaptação ao ambiente, como diz Darwin na Teoria da Seleção Natural, no livro *Origem das Espécies*, em 1859, e se o homem pode ser destinado ao bem por meio da dor e do sofrimento, para melhor adaptação ao seu ambiente, então, ele pode ter como inevitável condição o seu próprio bem e o bem do próximo como sua melhor sobrevivência e adaptação. Como sua evolução. Esse bem humano é o que permite sobreviver em sociedade. E esse bem social existe, principalmente, pela dor. A dor, na maioria das vezes, é o que move o homem e a sua sociedade. É o que os impulsiona ao bem. E, no longo prazo, melhora ambos. Temos como dois exemplos conhecidos por muitos o fato de que, há mais ou menos dois mil anos, determinados homens se regozijavam em ver cristãos serem devorados por leões nas arenas de Roma. Mas hoje uma das grandes diversões é nas arenas atuais — estádios esportivos — onde todos se divertem torcendo enquanto 22 homens correm atrás de uma bola. Assim, a evolução do homem é muito longa e penosa pela dificuldade dele em evoluir, mas até agora, apesar de momentos de retrocesso, houve avanços significativos. A sociedade costuma aprender com os fracassos e insucesso humanos felizmente. O progresso humano, a duras penas, está, também, retratado em como a sociedade evoluiu em direitos humanos, tecnologia em geral, medicina e saúde, habitação, construção civil, saneamento, comunicação, inclusão social, entre outros tantos fatores.

A engrenagem da humanidade gira, talvez, muito devagar — na máquina do relógio que é o universo. O aprendizado humano é lento em meio à realidade das coisas, do cosmos. Alicerçada nessa mecânica, a condição humana é baseada em uma evolução construída na capacidade de estruturação de comportamentos, personalidades. Somos praticamente reféns de um sentimento tão delicado como a dor para nos melhorarmos — para evoluirmos. É compreensível, portanto, a nossa lentidão evolutiva nesse sentido. Mas, por outro lado, essa condição pode nos destruir: muitas vezes, a engrenagem da humanidade não consegue girar porque o ser humano não consegue mudar o seu olhar, seu foco de visão, ser dinâmico em sua interpretação do meio, ter outras percepções, adaptar-se, transformar sua estratégia para usufruir uma nova vida, viver melhor — transcender. E essa, acredito, é a forma como enfrenta de maneira equivocada o sofrimento: sem humildade, sem caridade e sem amor. Baseada em novos valores, surgirá uma nova condição humana — melhor, mais intensa e mais profunda. Mas toda mudança intensa e profunda é

A REALIDADE, A HUMILDADE E TODOS OS DEMAIS SENTIMENTOS

demorada e árdua. Portanto, a humanidade evolui na mesma proporção da nossa capacidade de superar todos os nossos obstáculos e aprender com eles. Se é difícil mudar a nós mesmos, o próximo mais próximo, mais difícil ainda, uma cidade, um estado, um país e, muito além disso, a humanidade. Por isso, é muito angustiante ver o ser humano em geral trilhar por veredas tão ingratas. Caminhos para a autodestruição, para o aniquilamento. A opção de não aprender, com certeza, é o que diferencia os seres humanos uns dos outros. E o não aprendizado com as experiências da vida resume a implacável e de difícil escapatória condição humana.

6

UM ERRO CATEGÓRICO DO RACIOCÍNIO HUMANO

O princípio do raciocínio humano nasce de um erro categórico e estrutural. Esse erro faz o homem pensar ser "o dono da Verdade". Por isso, sua arrogância o leva, também, ao orgulho, ao egoísmo — entre outros sentimentos, pensamentos e atitudes que denigrem a ele mesmo e ao próximo. Esse erro é o de se julgar conhecedor de todas as coisas ou de quase tudo somente por meio do seu raciocínio, conhecimento e experiência. Mas a Realidade é muito mais complexa que a sua capacidade de entendimento. O homem jamais poderá se julgar conhecedor dos fatos que supõe saber porque não consegue captar toda a real complexidade desses fatos em sua total magnitude. Por isso, nunca será "o dono da Verdade".

A questão da limitação da percepção humana existe porque o homem não consegue perceber totalmente o que está à sua volta pela finitude da sua presença física — não é onipresente —, dos seus sentidos e da sua cognição. Acontecem coisas que não vê, não sente e pensa que entende. Essa falta de percepção e de compreensão pode gerar distorções de entendimento e de concepção que o jogam em labirintos sem saída para o seu pensamento e para sua vida. Devido à concretude da limitação física, o homem não chega à concepção inteligível de todas as coisas. O fato de não perceber o que acontece ao seu redor totalmente o faz achar que conhece o que não tem capacidade de entender. E, por isso, falta-lhe capacidade de discernimento. A sua limitação perceptiva o faz sentir-se "dono" de algo que nem imagina o que é de verdade. Quanto mais consciência das coisas, mais vemos que somos impotentes e ficamos humildes

A REALIDADE, A HUMILDADE E TODOS OS DEMAIS SENTIMENTOS

perante as circunstâncias. A verdadeira humildade é sinônimo de lucidez. A humildade é sinônimo de percepção.

A humildade é uma forma de enxergar os fatos de maneira sóbria, racional porque proporciona emoções que nos deixam mais transparentes para ver melhor o que está à nossa volta. A transparência dos sentimentos permite uma melhor interpretação dos fatos. Essa interpretação contribui determinantemente para a clareza do raciocínio, para os sentidos e para a superação da limitação física.

A visão do homem é limitada pelo seu enquadramento visual. Tanto na visão física quanto no aspecto racional, cognitivo. E seus julgamentos são aprisionados a essa limitação em todos os sentidos. Não vê o que está muito afastado do seu alcance. E é nesses detalhes que comete injustiças categóricas. Sua visão está altamente vinculada à sua limitação perceptiva. Ele não consegue fugir a essa limitação e ver o mundo de uma outra maneira. Não percebe que o seu olhar é limitado e tem que ter mais equilíbrio para frear atitudes impensadas e inconsequentes. Vendo dessa forma, se, por um lado, as suas atitudes são altamente propícias ao equívoco, por outro lado, sua humildade pode ajudá-lo a respeitar essa condição para não tomar atitudes levianas das quais possa se arrepender profundamente.

O homem vê apenas um reles fato ou detalhe em uma circunstância e tira conclusões definitivas e irrevogáveis sobre uma pessoa ou algo como se fosse a "Verdade Absoluta". Mas os fatos vão muito além dessas conclusões, inclusive os fatos que regem a sua própria vida. Assim, como tudo está intrinsecamente relacionado, a falta da abstração humana para compreender todas as possibilidades mostra que o homem não pode se sentir dono de algo que não lhe pertence: a Verdade.

Dessa forma, o homem não tem razão lógica e moral para sentimentos de superioridade perante o próximo. Essa falsa superioridade está muito abaixo da sua pretensão: o que pretende ser não corresponde ao que ele realmente é. E a sua pretensão é algo que rasteja aos pés da sua própria impotência diante da grandeza do universo. A sua arrogância, paradoxalmente, resulta da sua própria limitação de homem, portanto. E de toda a realidade dos fatos. A sua visão incerta é a maior certeza dentro da sua realidade cruel.

Para o homem conhecer quase tudo pelo seu raciocínio, conhecimento e experiência, não poderia ser apenas um ser humano. Teria que ser muito mais do que um ser humano simplesmente. Algo além...

E agora algumas questões reflexivas importantes: se tem problemas, defeitos, questões mal resolvidas em sua vida, por que é tão arrogante? Por que precisa se considerar algo que não é? Como pode se julgar superior, se é tão vulnerável como qualquer outro? A resposta é única: o homem engana. Engana aos outros e a si mesmo. Vive em uma ilusão baseada na armadilha que é a sua visão de mundo. A sua arrogância o impede de ver quem ele é de verdade — uma fuga de si próprio. Se visse, teria que mudar. Na forma de agir do homem em geral, é muito mais fácil viver uma mentira — consciente ou não — do que viver uma verdade. A ilusão de viver a mentira possibilita ao homem a pretensão de ser "o dono da Verdade". Não obstante, a verdade é cruel, dura e tantas vezes muito, muito difícil de suportar. O homem prefere viver o seu eterno erro categórico do raciocínio humano.

7

ÂNGULO DE VISÃO

Como uma névoa que nos deslumbra pela manhã, podemos mudar o nosso ângulo de visão e ver melhor a linha do horizonte, assistir com mais contentamento ao espetáculo de um belo lago azul cujas águas fluem incessantemente bem à nossa frente sendo um manancial de vida. Buscar novas perspectivas, novos lagos que engrandeçam o nosso sentimento. Por meio de compreensões mais transcendentais, de novas tecnologias e de novos conceitos ao longo do tempo, podemos mudar nossa visão perante os fatos e a Realidade. Podemos mudar nosso ponto de vista de acordo com o que observamos e de onde observamos a nossa realidade. Quando olhamos para nossas mãos, por exemplo, achamos simples mãos a olho nu. Mas quando mudamos a forma de observação e as olhamos microscopicamente, percebemos infinitos detalhes: células, microrganismos, átomos e de forma alguma visualmente são as mesmas mãos que vimos anteriormente.

Vivemos em um universo e não enxergamos nem uma nano-parte dele. Vivemos em um universo e achamos que vivemos em um outro diferente do que realmente existe. Vivemos em um universo e enxergamos um outro. Enxergamos um universo que só existe aos nossos olhos. Não conseguimos abstrair totalmente a complexidade de nada concreto em nossa mente. Não podemos compreender exatamente como é a composição de átomos e moléculas de coisas simples como um sabonete, por exemplo. Não podemos abstrair a exata composição matemática da dimensão de uma régua porque não conseguimos apreender o infinito matemático, os incontáveis números que compõem a sua total extensão. Ou seja, uma régua qualquer pode medir, a princípio, 30cm, mas ela não mede 30cm apenas, e sim 30,78316...cm, por exemplo. O homem não consegue compreender o infinito matemático totalmente, nem toda a complexidade da forma física concreta de quaisquer objetos, átomos e moléculas... Tocamos, mas não conseguimos perceber todas as células do rosto de quem amamos. A mente humana não tem essa percepção, nem cognição para isso. Não podemos achar que conhecemos tudo, porque não conhecemos. Nós achamos que conhecemos e é aí onde vive o grande erro. Vemos coisas que julgamos ser o que na verdade não são pela nossa falta de percepção conceitual e humildade.

O ângulo pelo qual enxergamos as coisas é o xis da questão para se tirar conclusões. O homem, em sua visão simplista e unilateral, pensa sempre que cada acontecimento se resume a dois ou três fatores. E não vê as inúmeras combinações de fatores que regem cada situação. Não podemos, a rigor, prever se algo vai dar errado porque não sabemos todas as variáveis. E as combinações incontáveis entre cada uma delas. Cada variável não existe isoladamente e as combinações entre elas podem gerar múltiplos resultados. O homem só vê um resultado, mas esse resultado pode ter sido obtido por inúmeros fatores diferentes que cada ser humano jamais imaginaria. Nem mesmo os próprios participantes diretos do acontecimento presumiriam.

O ponto de vista é muito importante para enxergarmos cada entrelaçamento das circunstâncias. A nossa visão está ligada inevitavelmente à nossa percepção. Analisando friamente, nossa percepção se resume basicamente aos nossos sentidos e ao nosso conhecimento. Mas os sentidos estão longe de captar todos os fatos. Assim como o conhecimento. Portanto, não temos como perceber tudo. Embora a nossa pretensão assim nos faça crer. Na Realidade, existe um mundo fora das percepções e argumentações humanas. Por isso, a própria palavra pode nos levar a erros imperceptíveis e grosseiros, e a mundos inexistentes. Ninguém sabe de fato o que está por detrás dela, seus reais significados, suas intenções. Como a linguagem humana é limitada para descrever a Realidade! Trabalha com certezas inexistentes, que passam a ser "verdades", materializando equívocos gigantescos. O mundo dos sentimentos parece-me mais verdadeiro.

Diante de todas as incertezas, não sabemos o que pode acontecer com as inúmeras possibilidades do universo. A concepção e percepção humanas não conseguem enxergar as abundantes variáveis e concatenar as possibilidades do que ocorrerá. A Realidade está acima, muito acima do cérebro e da capacidade do homem. Se conseguíssemos ver todas as situações ao mesmo tempo, e, com o raciocínio muito superior ao nosso, prever o que iria acontecer, talvez fôssemos mais pacientes e menos exigentes.

Por essa ótica, um julgamento humano jamais vai captar a total dimensão de um fato. Ao homem não pertence a Verdade. Por isso, não pode julgar. Julgamentos causam distorções da Realidade alterando o sentido e o caminhar do que é o concreto. Assim, julgamentos podem ser desastrosos. Principalmente julgamentos definitivos. Logo, o certo e o errado são concepções e conceitos humanos. Nessa visão humana, filosoficamente falando e analisando com uma precisão muito mais rigorosa, o homem nunca acerta. Ele "erra" menos. O homem não chegará a uma exatidão perfeita de fatos ou experimentos, talvez, nunca. Então, os acertos são apenas falsas concepções de conceitos humanos limitados.

Essa limitação humana é a forma de o homem melhor compreender tudo que o cerca. Dentro dessa finitude, o acerto ideal percorre um caminho rumo ao infinito, a uma precisão ilimitada ou algo parecido com isso. Mas nunca chegaremos à perfeição porque esta não é um atributo humano. Por isso, devemos nos perceber como seres que vivem grandes limitações e procuram buscar algo que nunca será encontrado. Por mais paradoxal que seja, é essa busca pelo intangível que nos deixa melhores.

Se o homem tivesse uma pequena compreensão da complexidade das coisas, nunca julgaria. O fato por completo, em suas minúcias e sua total essência, está acima da sua real compreensão. O homem não tem todas as respostas. Não conhece tudo de nenhum assunto. Não consegue abstrair a Realidade por completo. Vive uma realidade, muitas vezes, altamente ilusória pela sua fragmentária visão do mundo. Vive um grande equívoco conceitual. Esse grande equívoco o faz ser, muitas vezes, um alienado moral. Ele pensa que conhece a Realidade. Como alguém ou algo que conhece a Realidade pode não abstrair em toda a sua complexidade o universo em que vive? Como alguém pode não saber o que realmente é de uma maneira exata e precisa e se julgar conhecedor? O homem se vê como "o dono da Verdade" porque desconhece a totalidade das coisas. Se a conhecesse de fato, em todos os seus parâmetros e formas, nunca julgaria da maneira como julga. A sua visão seria otimizada por um ou por incontáveis ângulos e, sobretudo, afetaria seus sentimentos. Não seria mais humano, então. Teria emoções que, provavelmente, seriam melhores do que as humanas. Respeitaria mais o universo, portanto.

Observação: Achamos que, por meio de concepções e interpretações humanas, dominamos completamente uma realidade. Mas para dominar completamente uma realidade, teríamos que no mínimo abstrair por completo toda ela. Temos, por exemplo, o som de duas letras combinadas: V + A, que daria a sílaba VA. O homem não consegue abstrair por completo o som da sílaba VA da pessoa A, B, C ou de qualquer outra pessoa. Não consegue abstrair totalmente algo concreto que seria o som da sílaba VA isoladamente. Essa falha na interpretação do som revela que a compreensão humana está muito aquém da Realidade. Ela não é compatível com a complexidade de tudo. O encontro de letras: V + A = VA em que o som da sílaba se faz na nossa imaginação, no nosso pensamento, pode gerar uma interpretação que gira em torno da Realidade: a ideia prévia que temos da sílaba se adapta à realidade do som. E o som dessa sílaba o homem não consegue abstrair por completo. Não consegue "ter nas mãos" algo que acredita ter. O que ele domina são suas concepções e interpretações das coisas, e não a Realidade mais concreta. O homem a reduz ao seu pensamento, e esse último não passa de um conceito, de uma ideia, o que seria uma percepção humana, mas, jamais, algo concreto, um fato. Seria apenas uma minúscula parte de toda a existência. Um pensamento. Mas o conceito e a ideia precisam do concreto para se tornarem palpáveis fisicamente. O homem pode se apegar só à ideia nesse sentido, porém estará a

A REALIDADE, A HUMILDADE E TODOS OS DEMAIS SENTIMENTOS

anos-luz da Realidade mais concreta. Por isso, não pode achar que, por meio de concepções e interpretações, domina completamente um fato. Seja ele qual for.

O acerto, como disse, é algo de uma precisão inatingível. Quando o homem pensa que acerta, na tentativa de corrigir um erro, isso se passa apenas nas suas interpretações. E não na total complexidade dos fatos. Fatos que ultrapassam sua capacidade de cognição e percepção da Realidade. Vivemos em um Universo e não enxergamos nem uma nanoparte dele. Vivemos em um Universo e achamos que vivemos em um outro diferente do que realmente existe. Vivemos em um Universo e enxergamos um outro. Enxergamos um Universo que só existe aos nossos olhos porque, implacavelmente, também, o subestimamos.

8

ADJETIVOS

A classificação humana: melhor do mundo, pior do mundo... ajuda a separar as pessoas. Quanto mais perfeitas forem as ideias, as sociedades, as pessoas, menos haverá separações, classificações. Classificações são a base para o racismo, homofobia e preconceitos de qualquer espécie. A minha ideia de algo próximo à perfeição se resume ao mínimo de classificações possível. Se existe uma memória perfeita, fora dos parâmetros humanos, ela não separa. Não classifica porque conhece a tudo e a todos indistintamente. E a classificação é usada pelo homem para simplificar o seu raciocínio e aprendizado. O homem classifica porque é imperfeito. Mas a minha ideia de perfeição moral de uma sociedade é a de um mundo onde o homem não seja intransigente ao separar as pessoas. Onde todos sejam de fato considerados semelhantes.

Vendo pelo prisma das classificações, os adjetivos são primordiais para o ser humano. Alguns servem para engrandecer as pessoas. Outros, não. Muitas dessas palavras são injustas até para as pessoas que as pensam e falam. Muitas pessoas acham que são perfeitas em seus pensamentos e seus julgamentos. Enfim, os adjetivos permeiam o pensamento e sentimento humano e fazem parte de sua forma de expressão.

Muitos pensam que, quando dialogam, se apropriam da Verdade. Mas as palavras estão muito distantes dos fatos que pretendem representar. E os adjetivos nunca estão com toda a Verdade. Por mais que atribua adequadamente uma característica a algo ou a alguém, jamais vão conseguir alcançar toda a grandeza do fato. Os adjetivos não refletem totalmente a Realidade. São apenas interpretações sobre ela.

A REALIDADE, A HUMILDADE E TODOS OS DEMAIS SENTIMENTOS

Alguns adjetivos descaracterizam a opinião humana como Verdade. Eles estão aquém do que é a Verdade de fato. Não podem alcançá-la. São apenas a forma simples de o homem expressar algo que jamais vai conseguir apreender em sua magnitude.

Ninguém é infalível. As pessoas, todas elas, são culpadas e inocentes em uma ou outra situação, fazemos parte do mesmo mundo e somos, querendo ou não, em um momento de nossas vidas, indivíduos vacilantes. Não podemos fugir a isso. Mas existe o fator subjetivo. Podemos ser condenados ou não dependendo da situação e do ângulo de visão do observador ou do júri, de seus olhares particulares, e das circunstâncias que possam interferir em seus julgamentos com base na limitação das sentenças e suas interpretações. Mas a pessoa julgada é mais complexa que uma opinião ou um juízo de valor. Alguns adjetivos descaracterizam a opinião humana como verdade. E esses adjetivos decorrem do juízo de valor. Podemos ver, então, como os adjetivos são limitados.

O ser humano classifica, o que por si só já é uma limitação. O ideal seria saber de tudo e ver a Realidade como um todo para não classificar. A classificação permite erros porque impede o homem de ver o todo interligado. O homem não consegue enxergar as conexões, ligações de cada particular detalhe com o todo, e fazer reflexões realmente definitivas. Essas minuciosas conexões, bem como as reflexões a partir dessas ligações, são cruciais para a conclusão final. Muitas vezes, a solução do problema está em pequenos detalhes que desmascaram a mecânica do andamento de todo o processo. A opinião humana é falível então. Mesmo quando faz uma classificação apurada, o homem não vê o todo como imagina.

Mais do que qualquer adjetivo dado por outrem, temos que, individualmente, ter a real noção da nossa capacidade e do que somos. Não podemos nos prender a adjetivos, pois, numa avaliação sensata, não refletem a Realidade. Por isso, somos ingênuos quando nos envolvemos em elogios que não condizem com o que pensamos. Somos seduzidos pelo nosso próprio ego e caímos em armadilhas que poderíamos evitar e que começam com esse tipo de falsidades. Não conhecemos totalmente a nossa própria realidade e nem a opinião dos outros. Somos ignorantes perante o que nos circunda e isso limita a nossa percepção em relação a tudo, impossibilitando, em grande parte, que pensemos em problemas que não conhecemos. Por um lado, pode ser uma proteção porque, teoricamente, não tememos o que não sabemos. Mas, por outro lado, pode ser uma prisão porque a nossa ignorância perante a nossa realidade pode impedir que alcancemos objetivos maiores.

A classificação humana não revela minuciosamente, e com uma real propriedade, toda a Realidade e nem a verdade de ninguém. E, por isso, podemos cometer injustiças gigantescas. A opinião do homem está aquém da realidade que vivemos. Mas o homem inevitavelmente está sujeito a atos perniciosos ou edificantes ao longo da vida. Todos somos honestos e desonestos, uns mais, outros menos. E estamos sujeitos às duas coisas constantemente. Por mais que os valores morais sejam coisas subjetivas — e esse conceito de certo e errado seja maleável de acordo com cada sociedade, meio e situação —, o bem que a virtude da honestidade faz é maior que toda essa subjetividade. O bem da honestidade está acima de qualquer opinião, de qualquer interpretação, de quaisquer leis e convenções sociais.

A classificação pode, na grande maioria das vezes, vendo por esse prisma dos adjetivos, captar um único momento do indivíduo. Mas não todo o seu percurso. Muitas vezes, a classificação julga tão somente uma parte de um momento de uma vida, por isso é tão falha do ponto de vista panorâmico da situação. Assim sendo, quem de nós conhece a Verdade? A classificação pode, portanto, nos fazer cometer grandes injustiças levando-se em conta a magnitude da Realidade. Todos estamos sujeitos a atos de desonestidade e agressividade. Velejamos na mesma jangada. Sob as mesmas leis do universo. Vendo dessa forma, determinadas atitudes não deveriam ser intoleradas, uma vez que poderíamos ter as mesmas reações nas mesmas circunstâncias ou em diferentes circunstâncias. Por isso, não podemos julgar. Quanto mais toleramos, menos julgamos. E só assim podemos conhecer mais a nós mesmos.

Não podemos acreditar nas palavras simplesmente. As palavras em si não são garantia de nada. Pessoas mentem, nem sempre dizem o que sentem. Não podemos dar crédito totalmente às palavras ainda que se refiram a algo concreto, sólido, porque sabemos

A REALIDADE, A HUMILDADE E TODOS OS DEMAIS SENTIMENTOS

que podem não representar toda a Realidade. Dessa mesma forma, a opinião nunca alcançará a total complexidade do que julga. Por uma opinião alheia nunca abranger a Realidade totalmente, não devemos entendê-la como Verdade Absoluta. É preciso ter cuidado com o que há por trás das aparências. Existe um abismo inabitável que separa o sentido das palavras das intenções de quem as disse. É como se esse abismo fosse um mundo próprio de cada indivíduo, o qual, muitas vezes, não podemos ver. Nem mesmo as pessoas que as proferem têm a real noção dos sentimentos que originaram essas palavras. Isto é, não podem conhecer seus sentimentos em sua plenitude. Limitam-se apenas à percepção do que sentem. Muitas vezes, não conseguem sequer descrevê-lo. As pessoas perdem-se no seu propósito ao dizerem seus comentários com o passar do tempo na inexatidão do que sentiram.

A falta de precisão "matemática" dos adjetivos para descrever os fatos hoje deixa as opiniões baseadas em uma coisa altamente imprecisa e perigosa. Isso revela o quão limitada é a nossa percepção diante de algo muito complexo, que é a realidade de um ser ou de um objeto. Podemos tentar descrever os fatos com nossa opinião, e, mesmo assim, o entendimento das outras pessoas pode ser completamente diferente do nosso. Por isso, tanto a interpretação de quem fala quanto a de quem escuta são muito limitadas se comparadas à Realidade objetiva dos fatos. O fato em si está muito acima de todas essas questões. A leviana confiança em nosso suposto saber nos torna muito arrogantes. Arrogantes porque desconhecemos o que está realmente à nossa volta — colocamos as interpretações acima dos fatos. O engrandecimento da interpretação prova como somos limitados, prepotentes e pretensiosos. Como o homem não tem a total consciência do todo nem de si mesmo, o que lhe resta é buscar seu caminho por algo melhor, mesmo que até lá possa vaguear sem um rumo na inconstância do meio em que vive. Mas se percorrer o trilho certo, chegará ao destino tão almejado. O fato deve prevalecer, e não as interpretações ou os adjetivos que o descrevem. A circunstância é uma parte mais legítima da Verdade do que as palavras. E como palavras não podem captar todas as circunstâncias da Realidade, não poderão captar, também, toda a Verdade.

DESCULPAS A FILÓSOFOS QUE MUITO ME INFLUENCIARAM

Quando se acredita só na matéria e não em algo superior, sentimentos superiores, não se tem a obrigação de acreditar no justo. Para muitos, isso não existe. E sim a adaptação, a sobrevivência, ou então a dominação, a força. Logo, a justiça é apenas uma abstração humana. O homem, por não conseguir, muitas vezes, dominar a matéria — e não entender a lógica que rege a vida, o universo e a ele mesmo —, apega-se às suas interpretações da Realidade. Julga-as mais importantes que os fatos. Por isso, é tomado de sentimentos que são consequências da sua visão que mal percebe o fato. Considera-se "conhecedor" da Verdade. Vive, assim, uma sensação de superioridade, reflexo de sua ínfima visão de mundo e de si mesmo.

Mas o homem é apenas um grão de areia no universo. Por isso, tem que se recolher à sua limitação em todos os sentidos. Só o equilíbrio o leva a uma compreensão melhor da Realidade, pois suas percepções ficam mais ajustadas ao ambiente, aos fatos e a ele mesmo. Por outro lado, como algumas emoções são baseadas em desequilíbrio, os seus pensamentos e, por consequência, ações serão também desequilibrados. Entretanto, muitos filósofos baseavam suas visões num ponto de vista materialista: de revolta contra o homem, contra o planeta, contra um Criador (não entro no mérito da sua existência). Provavelmente, esses intelectuais jamais teriam o ângulo de visão para compreender a tudo de forma isenta, sensata, imparcial. Sobretudo, não olhariam para seu interior com parâmetros que os levariam sempre a ter sentimentos melhores e que os fariam entender melhor a vida, o universo, e, mais visceralmente, o próprio homem.

A REALIDADE, A HUMILDADE E TODOS OS DEMAIS SENTIMENTOS

E o homem não tem capacidade de abstrair toda a Realidade. Portanto, não vislumbra toda a Verdade, que é formada de inúmeros fatos fundamentais para a composição do todo. Para Nietzsche, "Não existem fatos e, sim, interpretações". Assim muitos homens posicionam a interpretação humana acima da existência dos fatos. Mas os fatos existem independentemente da opinião. Ora, o homem não criou as leis do universo. O certo e o errado são apenas concepções humanas. Um julgamento jamais vai captar a real dimensão de um fato. Não há abstração nem meios para se fazer total "justiça". Não conhecemos todos os detalhes que podem, no futuro, ser essenciais para a mudança de visão do homem como novas formas de interpretação da lei, novos modelos científicos e pensamentos filosóficos.

Mais um exemplo dessa limitação seria que o homem não consegue se colocar na exata condição do réu no momento do ato ilícito. Não sabemos os pormenores essenciais, assim como não conseguimos retratar a real situação do fato no momento do crime. O Direito é uma forma de conhecimento altamente mutável seja na concepção das leis, seja em suas sentenças, seja em suas interpretações. Não podemos crer que o julgamento humano seja inteiramente seguro. Não podemos conhecer a Verdade Absoluta.

Assim, ninguém é superior a ninguém por mais que se queira, pois todos estamos submetidos às mesmas leis do cosmos. Velejamos na mesma jangada, embora muitas vezes não compreendamos isso. Todos somos filhos de um mesmo universo, independentemente da nossa crença, classe social, opção sexual, etnia ou raça. Habitamos o mesmo planeta.

O homem não muda as leis do cosmos. Tem que se adaptar a elas. Não pode ir contra o curso de um rio. Tem que se adaptar a ele também. Não muda o mundo com suas ideias. Suas ideias é que têm que se adaptar à dinâmica do mundo. Essas leis universais são mais fortes que simples verbos. Palavras só viram atitudes se, cognitiva e emocionalmente, o homem estiver pronto para isso. Logo, ninguém pode impor convicções a outros ou à sociedade, pacificamente, apenas com simples frases. Exemplos são melhores que palavras porque são indiscutivelmente mais palpáveis. O homem tem que ser respeitado principalmente pelas suas ações, não só pelos seus discursos. Seus atos devem fugir às leis da força, de visões materialistas passadas. O homem deve olhar para um novo horizonte: o horizonte da causalidade, de uma solidariedade na qual há uma responsabilidade com o outro, porque o efeito de uma causa nociva ou benigna pode abalar a todos. As sensações podem gerar emoções e essas últimas provocam fatos que são fundamentais para a formação da relação de causa e efeito. Se o homem não conseguir compreender esses fatos com o conhecimento e com a emoção que lhe é necessária, ele se revoltará. Por isso, a única e mais sábia saída é a aceitação. Aquela aceitação que traga benéficas atitudes como a atitude do respeito, valorizando a paz, que é a maior chave da felicidade. Somos, inexoravelmente, o que sentimos. Assim bons sentimentos são o cerne do homem feliz. Muitas vezes e infelizmente, nós aceitamos mais conveniências douradas do que verdades "inoportunas" que poderiam ajudar e facilitar o caminhar de uma melhor humanidade. Tudo isso se dá devido ao fato de ajustarmos nossa compreensão tendenciosa para os nossos próprios fins; olharmos fatalmente para dentro de nossos próprios interesses; nos blindarmos contra incômodos essenciais para um possível bem-estar e tranquilidade; priorizarmos somente nossa visão; não refletirmos ao colocarmos sentimentos de orgulho, egoísmo, cobiça, inveja, comodismo, entre outros, à frente, protegendo "nossas conquistas" de outros sentimentos mais nobres, sendo que o nosso precioso cesto já está contaminado de outros sentimentos mais venenosos que contaminarão e destruirão todas as nossas belas e preciosas "laranjas".

O homem olha muito para fora. Quer ser gênio, muito inteligente, famoso, rico, poderoso e, principalmente, aceito. Mas a maior aceitação é a de si mesmo. Não pode esperar do outro uma aceitação que esse outro não pode ou não quer lhe dar. O nascedouro da verdadeira visão humana acontece quando o ser humano, qualquer um de nós, não pode ver o campo verdejante que imagina ser e se estarrece com sua própria figura imperfeita real. São olhos viscerais que não enxergam cores, só sentimentos que são rasgados por quimeras diabólicas da sua própria mente. Lá os espelhos da ilusão não podem se quebrar porque não existem. Por mais que fuja dessas ilusões, seu consciente e inconsciente estão ali para cobrá--lo, cobrar do próprio ser humano. A imperfeição está nua e crua, e por isso o homem se volta para essa fuga exterior. Mas não se tem para onde fugir; não se foge da própria mente, nem de si mesmo. E é nesse momento que o homem percebe que não pode culpar a mais ninguém. O vazio que se abriu sob seus pés está agora em sua cabeça. Quer fugir de si mesmo, mas se afunda cada vez mais, respingando sua culpa nos outros, tentando ludibriá-los. Tentando se iludir. Quer resolver um problema e se envolve em outros. E o grande martírio fica muito maior e mais incontrolável e, quem sabe, até irreversível. Mas a saída está principalmente dentro de si. O homem não deve perder a chance de "sair de si mesmo" para se observar melhor a partir de um espelho que não mostre ilusões. Um espelho que reflita objetivamente o seu interior e lhe permita conhecer melhor o que há em seu íntimo. Esse já é um bom caminho para crescer. As suas maiores armas são a sua consciência e a sua vontade de mudar efetivamente.

O homem tem um poder de destruir muito maior do que o de construir, porque não tem, nem quer ter qualidades essenciais para erigir sentimentos e sonhos. Olha somente para si, para o seu próprio benefício. E, portanto, muitas vezes, não tem emoções de empatia, altruísmo, humildade e caridade. Também não tem nem quer ter percepção do que o outro sente. Não exercita seu poder de observação perante o próximo porque não lhe convém. Se o fato de construir é um ato em conjunto, não se pode individualizar o processo subjugando o próximo com atitudes atrozes. A luta é coletiva e a vitória tem que ser também coletiva.

Quando alguém só faz as coisas pensando em si mesmo e nas consequências dos seus atos para si, sendo benéficas ou perniciosas, não tem compromisso com a evolução e a dinâmica do seu próximo e do mundo. Tem visão e atitudes medrosas e egoístas. O orgulhoso e o egoísta são, antes de tudo, medrosos. Esse alguém não percebe que, para conhecer melhor o próximo, precisamos conhecer inevitavelmente a nós mesmos. E, quando olhamos para o nosso íntimo, deve ser para entendermos melhor o outro dentro de todo o contexto da dinâmica do orgulho e egoísmo tratada em todo este capítulo. Essa relação tende a nos fazer melhores.

Mas quando vê, antes de tudo, seus princípios, sua preciosa consciência e o bem de todos antes do seu próprio; quando vê o bem das pessoas que o cercam e do planeta, o homem prova que está disposto a lutar para não se esconder daquilo que mais valoriza — a sua vaidade.

A melhor justiça é a que olha para o melhor do ser humano e da sociedade. E o que é o melhor para o ser humano? É transformar a sobrevivência em uma busca da felicidade primando pela sua plena saúde mental e física em prol de uma sociedade melhor. E assim buscar o máximo possível da felicidade de todos. Todos trabalhando, de fato, para essa sociedade como for possível, apesar das suas limitações, limitações de cada homem. E o que é a melhor sociedade? É uma sociedade que possibilite hábitos saudáveis, que não desenvolva nem estimule entre as pessoas atitudes desleais e que não aumente cruéis conflitos entre os homens, porque, onde houver uma sociedade saudável, sem conflitos cruéis, o ser humano estará também saudável. A melhor justiça não é alguma coisa subjetiva, ideológica. A melhor justiça está ligada intimamente à Verdade Absoluta e a toda a Realidade dos fatos. E, sim, algo muito próximo do ideal só que com sentido real pragmático para o melhor do ser humano.

Dessa forma, vendo que o homem tem que assumir um compromisso com a sua evolução e com a sociedade, e não só acusar quem quer que seja de todos os seus insucessos, o futuro para a filosofia seria a capacidade de fomentar profundos sentimentos de humildade, de caridade e de amor pelo mundo, pelo próximo e por nós mesmos. Por ser a melhor forma de sobrevivermos a todas as dificuldades, criando uma atmosfera de compreensão, ajuda, respeito mútuo e, por que não dizer, de felicidade mais concreta, a maior conquista, inegavelmente, é a que tem a responsabilidade por todos os lados envolvidos, como se fossem parte da mesma face de uma moeda. A genuína responsabilidade é a que vê a compreensão e o respeito recíproco como a grande inteligência e sensatez. A grande inteligência é o bem de todos em prol de todos implacavelmente.

10

MÚSICA, ARTE QUE TRANSCENDE

Vendo a arte em geral e a beleza humana como algo de lógica semelhante, a força da arte bem como a força da beleza humana possuem três características básicas e fundamentais: a beleza propriamente dita, a expressividade e a originalidade. Para serem belas, seguem padrões estéticos rígidos. Mas, paradoxalmente, para serem ainda mais belas, únicas, fogem dos padrões estéticos rígidos comuns considerados fundamentais para o belo no contexto da normalidade. A extrema beleza humana ou o virtuosismo nas artes se rendem à não obviedade, ao imprevisível. E isso, em hipótese alguma, padrões estéticos rígidos poderiam prever. A rigidez, nesses casos, é aversa à evolução. A evolução, como não poderia ser diferente, tem como um grande pilar a originalidade. E a benéfica originalidade é a evolução do pensamento para romper o rigoroso sentimento que nos prende a retrógrados valores na arte e no conceito sobre o homem e a ideias e padrões rígidos que não nos permitem ver o paradoxal e o comum na arte e na natureza humana com olhos libertadores. A melhor visão é a que vê além do óbvio, é a originalidade em todos os sentidos, apesar da pequenez da visão do homem.

Existe uma diferença entre o olhar focado na grandeza humana a partir da arte e da ciência. Pela diferença como o homem percebe essas duas áreas, suas regras, e como elas se manifestam, tenta-se explicar seus diferentes parâmetros.

Por que a tecnologia está sempre evoluindo e a arte parece evoluir menos? Porque a tecnologia está sempre descobrindo coisas novas e nunca para. No entanto, a arte é repetitiva como em ciclos que nunca chegam ao fim.

Cada vez mais, fica difícil para a arte se renovar. E quando há uma busca de várias vertentes, como há na arte contemporânea, ela, a arte, se esgota mais facilmente. Isso não ocorre com a tecnologia, acontecendo exatamente o oposto. E a maneira de vencer essa forma cíclica de arte é ir rumo ao caminho e preceitos científicos. A ciência se baseia em uma fonte muito mais ilimitada de conhecimento, evolução e inspiração: o universo. A fonte de conhecimento e inspiração da arte é algo mais restrito: a percepção, a criatividade e a técnica artística. A arte, para vencer a mesmice, tem que olhar diretamente para a natureza e tirar dela inspirações mais incontestáveis. Concernentes com a mecânica do universo. Sair mais do olhar humano e buscar um ângulo de visão além das suas limitações e interpretações, algo mais abrangente e profundo. A arte que mais se aproximar da ciência, dos preceitos da natureza, da evolução do universo e criar coisas novas a partir disso tem a chance de vencer melhor esse impasse artístico, esses ciclos intermináveis que sempre se perpetuaram. É a arte que mais pode transcender a Realidade. O universo é muito mais irrestrito que a mente humana, pois nos serve de inspiração para criarmos, tendo em vista que a mente humana, também, faz parte do universo.

Observação: Tento aplicar esse conceito aos desenhos do Estilo da Pedra, tendo como principais referências a mescla da forma da figura humana com as formas das figuras inanimadas como pedras, por exemplo. E tento aplicar esse conceito à Música Física, tendo como referência fórmulas da física e os fenômenos físicos para construir melodias; à Música Tridimensional, utilizando a tridimensionalidade para construir, também, melodias; à Música Biológica, utilizando o movimento dos animais para desenvolver também essa parte da música; à Música Química, utilizando movimentos de fenômenos químicos; e à Música Geométrica, com os desenhos geométricos. Todos conceitos, concepções e desenvolvimentos trabalhados por mim; artes que buscam a inspiração na natureza e no universo.

O rock, o jazz, o blues, ou muitas outras músicas são definidas pelos seus ritmos. Essa música de concepção própria — uma música filosófica, de letras filosóficas, a qual defendo neste capítulo — é definida pelo seu conceito, pela sua ideia primordialmente. Não tem uma definição rítmica. Portanto, é algo mais ilimitado. Tanto na questão vocal, aliado às letras, quanto na parte instrumental. Logo, o ritmo é definido pelo conceito nesse estilo de música.

Vendo por esse aspecto da transcendência e da abstração na retratação dos sentimentos, as artes em geral baseiam-se, muitas vezes, em algo material da realidade humana e da natureza para expressar os sentimentos por meio de ações que se resumem em fatos. Na música, o próprio som, principalmente o das melodias instrumentais, tem uma retratação mais abstrata do significado desses fatos. Essa linguagem não utiliza línguas, nem imagens. A representação da música com fundamento nesses fatos é mais abstrata que as das outras formas de arte. Do ponto de vista do observador, a interpretação das pessoas com relação a esse tipo de arte ao presenciar uma apresentação instrumental é mais livre. Por isso, o público pode transcender muito mais a Realidade concreta.

Por esse pensamento subjetivo, esse salto abstracional, a música é tão fascinante. Esse salto está na combinação dos sons. Essa transposição, esse pulo, deixa a música mais distante da nossa realidade concreta e, ao mesmo tempo, mais perto dessa nossa mesma realidade pelo seu valor impactante. É, definitivamente, um grande paradoxo.

A música se baseia em algo que acontece na natureza e na realidade humana. E transforma essas realidades em algo mais impalpável, não concreto, insondável; em uma interpretação mais distante da realidade comum dos homens. Por isso, a nossa fascinação. É algo que nos deixa distantes do mundo e nos faz devanear em todos os sentidos. Inclusive nos piores momentos. A música, muitas vezes, nos deixa distantes dos sentidos físicos e mais próximos aos mais profundos sentimentos, porque não é algo comum, óbvio, trivial. Transcende a natureza humana ou tem o sentido diametralmente oposto. Inexoravelmente, deixa a Realidade mais intrínseca, visceral. Deixa-nos mais perto das mais cruas emoções, mais perto da Realidade áspera e cruel que realmente existe. Acentua as emoções inevitavelmente, oscilando entre os mais extremos polos.

O mais profundo sentimento vive quando se desprende da Realidade externa e se volta para dentro de nós tornando-se maior. Aproximando-nos ou elevando-nos. E a música permite isso pela originalidade dessa arte, que nos torna perplexos. Podemos refletir sobre a vida, e, consequentemente, sobre nós mesmos, dependendo da profundidade de como nos prendemos à música e da emoção que sentimos por toda essa experiência artística. Muitas vezes, a grandeza dos sentimentos está ligada à unicidade da experiência. E não somos mais os mesmos depois de uma experiência definitiva ligada a essa arte ímpar. Jamais.

As incalculáveis combinações de notas e acordes dentro do universo musical criadas pelo homem passam a ser muito difíceis de se encontrar na natureza. Essas combinações existem na música de inúmeras maneiras e acabam por formar uma nova realidade. Na música, a melodia não reflete, na grande maioria das vezes, exatamente tudo que existe ou já existiu na natureza. É algo diferente e novo. Uma abstração que transcende a própria Realidade. É uma concepção profundamente humana. Por isso, a música é uma arte de especial originalidade. Algo que não existe na realidade comum. Ela transcende, é um salto abstracional.

Nunca ouvimos um pássaro assobiar a *Nona Sinfonia* de Beethoven, uma cigarra cantar *Sorrow* do Pink Floyd ou um trovão ressoar *Carmina Burana* de Carl Orff. Essa abstração da Realidade só existe na música.

Como a música é algo que transcende tudo que conhecemos, talvez, por isso, nos apaixonemos e nos hipnotizemos. Algo tão abstrato e belo. Tão diferente da nossa realidade trivial. Complexo na medida certa, tão real e irreal ao mesmo tempo. Profundo. Transporta-nos a um mundo não só viajante, mas não concreto, impalpável, insondável, muitas vezes, célebre. Uma criação à qual a realidade humana de uma forma geral e a natureza não conseguem jamais se igualar. A perplexidade humana em relação à música, algo de uma estima completamente intangível!

III

FILOSOFIA INTRAPESSOAL

Nesta parte do livro, aliei e adaptei os meus conhecimentos de filosofia, muitas vezes metafísicos, para abrandar o meu sofrimento em minha vida de ser humano. Ou seja, busquei aplicar aprendizados teóricos à minha vida pessoal com eficiência e pragmatismo para compreender melhor a Realidade. A filosofia a serviço de melhores sentimentos para uma vida melhor, mais realizada e feliz.

11

O VERDADEIRO FORTE

O bom tem que ser bom pela opção de ser brando. Tem que ser bom pela coragem de fazer o certo, e não porque tem medo, medo de fazer o mal pelo pavor de ser pego. Precisa construir o bem por convicção e não deixar de fazer o bem por ser omisso, conivente, dominado pelo medo, por ser covarde, um falso bom homem. Até para ser bom é preciso ter coragem.

O verdadeiro forte não é o brigão. Ele briga como uma forma de defesa. Briga antes que briguem com ele. Ou que briguem mais com ele. Brigar, nesses casos, é uma canalização equivocada da ansiedade. O verdadeiro forte é o benevolente e o que pratica a mansuetude porque isso é o que causa melhores frutos.

O verdadeiro forte não é aquele que fala grosso e esbofeteia o rosto de outra pessoa porque essas atitudes são mais fáceis que abaixar a cabeça e pedir desculpas. O mais difícil é pedir o perdão. O verdadeiro forte é aquele que pensa antes de agir. O que é preparado mentalmente para não fazer a primeira besteira que lhe vier à cabeça. E pensar o bem, fazer o bem é um ato mais elaborado que fazer o mal porque exige humildade, indulgência, características pouco pertinentes ao homem. O verdadeiro forte é aquele que faz o mais difícil e o mais difícil nem sempre é o que parece ser.

O verdadeiro forte e metódico não é aquele que se perde em seus métodos, em suas obsessões. O verdadeiro metódico é o que sabe ver as prioridades em seus métodos. É o que dificilmente se perde em seu mundo meticuloso e sabe diferenciar finalidades reais e objetivas de minúcias inférteis. Para ele, o que seria um "detalhe" pode ser uma parte essencial e ter a mesma importância do todo. Pois esse "detalhe" pode fazer todo o sentido em nossas vidas. Ao se perder em pormenores que o prejudicariam, perde o sentido do seu trabalho.

O verdadeiro forte é aquele que não precisa demonstrar que é forte. Não precisa falar que é forte. Não precisa fazer propaganda de si mesmo. É forte, também, por isso, porque consegue superar a tentação de comentar a respeito do assunto. A força, também, está na modéstia, na humildade. Quando queremos convencer os outros daquilo que não somos, principalmente de uma forma rude, é porque não temos convicção do que somos realmente. Não convencemos nem a nós mesmos, por isso queremos pelo menos convencer aos outros. Não há uma convicção interna, então, para um conforto nosso, temos que expandir essa convicção externamente. Por isso, insisto que a força está, também, na modéstia. Ficar calado no momento do conflito é sempre muito difícil e requer uma força mental maior. O verdadeiro forte tem que ser generoso. A força está, também, na compaixão. Quando nos permitimos ouvir mais, somos generosos; generosos com o sofrimento do outro. A compaixão é uma força que nos faz transcender nos momentos mais difíceis de formas beneficamente imprevisíveis.

O verdadeiro forte, apesar da luta da vida, não deve paralisar-se e paralisar o seu caminho com injustiças. Tem que ser como água que desvia das pedras indo para o mar. Não deve indignar-se com deslealdades. Fica mais fácil não se deixar paralisar e seguir em frente quando a indignação é substituída pela aceitação. Aceitação das injustiças, mesmo sem concordar com elas. E com a cabeça limpa e sadia, o verdadeiro forte pode criar forças para continuar. Não se revoltar contra, engolir a seco as injustiças que não pode mudar, antes que elas o engulam. Não se apegar às injustiças é o que nos faz sobreviver, ir além. Quando temos um medo controlado, saudável e uma grande paz, não nos indignamos ou pelo menos temos a força para não nos indignarmos com determinados fatos, reflexos das cruéis tormentas da vida.

As injustiças e as dificuldades geram sentimentos que, muitas vezes, nos machucam. Sentimentos como a não aceitação, a culpa e o medo, que estão intimamente ligados. Um é consequência do outro e se retroalimentam. Quando sofremos uma agressão, o medo, a culpa e a não aceitação dessa agressão, muitas vezes, nos fazem querer revidar. Devemos controlar o medo, a culpa e aceitar a situação para não agredirmos também. Apenas nos defender sempre. Devemos aceitar psicologicamente a agressão para nos proteger melhor, mais eficientemente e com a maior sensatez possível. Embora não concordemos com o ataque, precisamos evitar nos sentir culpados de não revidar. O revide simplesmente, nos tira do eixo. Não nos culpemos por ficar nervosos, mas não nos permitamos perder o controle. A melhor resposta para a agressividade é a tranquilidade. Sempre.

Para perdoarmos ao outro, não podemos levá-lo tão a sério com suas atitudes infelizes. Devemos nos inspirar em nossos erros e na ideia de que estamos sujeitos a errar de forma grave também. Essa nossa vulnerabilidade com relação a esses equívocos nos deve sugerir sermos mais amenos com as falhas de outros e tentar perdoá-las. Podemos morder a nossa língua tragicamente com o nosso julgamento. É claro que tudo isso é muito difícil de se fazer, mas não podemos perder a força em tentar fazer a coisa certa.

A força está ligada ao medo. Quanto mais controlado esse medo, mais temos força. Pois o medo está ligado ao fato de a pessoa achar que não vai aguentar a agressão. Ou que não pode se sobressair a ela. Ou que vai se machucar independentemente da gravidade. Ou pelo temor das suas consequências, sejam elas quais forem. O medo tem laços basicamente com dois sentimentos: o da não aceitação à agressão e o da culpa provocada por essa agressão. A não aceitação da agressão — seja por indignação mais propriamente, seja por um pavor maior — nos impede de reagir com a naturalidade necessária, muitas vezes, para resolver o problema. Quando não temos um medo que nos paralise, conseguimos raciocinar de forma mais equilibrada para sair de circunstâncias indesejadas. A força é, também, aceitar as consequências da agressão. Isso nos dá calma e sensatez para resolver o problema. O outro sentimento que lança o homem no medo é o de culpa. A pessoa se culpa porque toma como verdade os supostos motivos da agressão. Por isso, se condena e não se aceita consciente ou inconscientemente. Quando somos agredidos verbal ou fisicamente, o fato de reagirmos ou não,

A REALIDADE, A HUMILDADE E TODOS OS DEMAIS SENTIMENTOS

pode ser gerado pelo sentimento de culpa por sermos machucados em nossa moral ou em nossa integridade física que nos faz querer dar o troco. Quando somos reprovados de todas as maneiras pela opinião alheia, também nos sentimos infelizes porque nos sentimos culpados pelo que somos e pelo que temos.

Quando cometemos atos equivocados e temos a consciência disso, o nosso próprio julgamento é muito mais cruel. E não podemos fugir a ele. Está em nossa própria mente. Uma solução para vencer o medo é aceitar as circunstâncias e a nós mesmos. Com o sentimento de aceitação, o perdão a nós e aos outros vem como consequência. A forma que consigo ver para vencer o medo é a aceitação, o perdão ao próximo e a nós mesmos por cada agressão independentemente de qual lado vier e qual forma for.

O homem não quer se machucar. Mas a vida provoca várias marcas, muitas delas profundas. Quando sobrevivemos a todas elas, o nosso corpo se torna mais forte. As dores devem servir de aprendizado para não sermos mais vulneráveis a elas. O medo, também. Quando não somos mais vulneráveis, parte do medo se transforma em força. E o que antes nos preocupava, agora nos impulsiona. Isso tudo nos faz evoluir indiscutivelmente. Podemos todos nós ser mais fortes. A verdadeira força vem da humildade, que nos possibilita virar o jogo. Ser maleável como a água que desvia das pedras rumo ao mar. A verdadeira força está na adaptação, na forma como compreendemos o meio, o ser humano e a nós mesmos, e como vencemos a tudo isso. A resiliência e a sabedoria andam juntas. A coragem de mudar, de evoluir e de tentar fortalece a luta contra o medo de uma possível queda, de uma iminente derrota. Superação.

A força mental nos dá a coragem e a lucidez para sermos brandos nos momentos certos. E é uma grande superação sermos brandos independentemente do julgamento do outro porque, nesses momentos, inevitavelmente, isso é o justo e o melhor.

12

O DISCURSO DO "MELHOR"

Ser "melhor" significa, conscientemente ou inconscientemente, ser mais do que o outro. Não queira ser o melhor, e sim uma pessoa melhor — à sua maneira. Muitas pessoas acreditam que ser o melhor é o que importa, mas o mundo precisa de pessoas que se melhorem a cada dia. E, nesse conjunto de melhoras, é que fazemos um mundo, indiscutivelmente, mais evoluído. A verdadeira vitória não é apenas de uma pessoa (o melhor); mas, sim, de todos. Só a vitória de todos contribuirá incontestavelmente para a melhora do mundo e alavancará um real e legítimo progresso. E não uma competitividade desenfreada e inescrupulosa. A maior vitória como conquista da humanidade, na sua mais pura evolução e na sua mais forte acepção, é a de todos.

O fato de nos acharmos "certos" em algo não significa dizer que as outras pessoas devem aderir às nossas ideias. Temos que ter humildade para não transformar a nossa razão em algo contra nós. Não podemos transformar o "certo" em um motivo de arrogância. Mesmo corretos, temos que ser humildes.

Não devemos tentar demonstrar que somos melhores que ninguém porque, querendo ou não, isso é um ato de provocação, arrogância, orgulho e egoísmo. Quando formos melhores, que isso seja demonstrado com exemplos, e não com palavras. O "melhor" tem que ser gentil e generoso, e a sua generosidade, proporcional ao seu talento. Como o seu equilíbrio. As pessoas têm que reconhecer o seu valor naturalmente. Não se deve impor nada. Imposição gera defesas, reservas e revoltas. A humildade abranda as diferenças, acolhe o opositor, destrói barreiras e revoltas, constrói novas vidas.

A não imposição, portanto, nesse contexto, é a aceitação da natureza do outro e da nossa própria. E a aceitação é a paz. E a paz

A REALIDADE, A HUMILDADE E TODOS OS DEMAIS SENTIMENTOS

costuma ser calma, tranquila. A intensidade no comportamento, muitas vezes, é tensão e nervosismo. Para fazermos algo difícil, temos que ser serenos, e não intensos descontroladamente. A aceitação da derrota nos deixa tranquilos e concentrados para a próxima batalha. Reconhecendo o nosso erro, buscando corrigi-lo e evoluindo. Aprendendo com os adversários que possam ser melhores que nós.

Para ficarmos concentrados, temos que nos sentir bem e afastar maus pensamentos. Aceitar o erro, as consequências desse erro e a pessoa sem sucessos que possamos nos tornar graças a ele. Não desistir. Ficar tranquilos o maior tempo que conseguirmos sem abaixar a guarda, sem perder a combatividade. A luta é a maior força propulsora da vitória. É preciso ter humildade para reconhecer as derrotas e aprender com os erros. Não criar expectativa de resultados. A expectativa exacerbada de acerto nos faz perder a tranquilidade e não raciocinar como deveríamos. A serenidade nos dá equilíbrio suficiente para seguir adiante. Esse equilíbrio nos dará mais sensibilidade e autocontrole para termos melhores desempenhos. Os resultados vêm quando temos controle emocional para nos momentos importantes nos portarmos com maior estabilidade. Não devemos nos intimidar com o sucesso, portanto. A humildade deve servir para nos melhorar e nos fazer seguir adiante em meio a tudo. Tudo se renova então. A repetição e a persistência nos fazem melhorar a cada dia.

Tudo que fazemos é como se lapidássemos uma escultura em pedra bruta. O que torna essa escultura melhor é o trabalho, a tenacidade, o comprometimento, a luta. Só o talento em si não é nada. A perseverança é muito mais valiosa que o talento somente. Para conseguirmos algo, é necessário muito empenho em tudo que venhamos a fazer. O talento por si só dificilmente supera uma grande dedicação. Tudo que fazemos bem é resultado de muita repetição. Vemos que a repetição retrata inclusive o funcionamento do universo. Só conseguimos ter o conhecimento que temos por meio de vários recomeços que nos circundam: o Sol nascendo e se pondo de uma forma semelhante sempre, a luz das estrelas do céu que percorrem uma grande distância e resplandecem à noite. Na vida, a repetição se revela em quase tudo. E a vida é um eterno recomeço. Fazemos e refazemos praticamente as mesmas coisas sempre. E, para sermos bons em algo, o talento não basta simplesmente porque não supera essa condição humana de se refazer a cada dia.

O homem que tem mais oportunidades de lapidar seu talento pode se achar mais grandioso que os outros homens. A presunção faz o ser humano se sentir superior, mas o mundo é interdependente. Se o "melhor" se acha melhor, é porque não deve conhecer pessoas tão boas quanto ele. E o que seria da sua "superioridade" se todos fossem iguais a ele? Ele não teria as mesmas oportunidades. De certa forma, depende da falta de habilidade do outro para sobreviver sendo o "melhor". O "melhor" precisa dos "pequenos". E só é "grande" graças a quem despreza tanto. Que ironia! Por esse e outros motivos, quem é arrogante não tem a mínima noção da Realidade. O prepotente não é nada diante de toda a complexidade e imprevisibilidade da Realidade plena que o cerca. Não tem a noção da sua pequenez perante os outros homens, o tempo, a sua finitude e, principalmente, perante o universo. O arrogante não é nada em meio à Realidade e, por ter essa noção equivocada, não sabe que a sua condição de ser humano e a sua prepotência podem destruí-lo antes que imagina. A sua arrogância só o levará para o seu fim maior por ele elevá-la, e a si mesmo, a uma altura em que a queda, de tão grande, o desmembrará. O arrogante nunca encontrará a felicidade, portanto. Ela é construída de outros valores — belos valores. Baseado nisso, na impotência do homem em relação à Realidade e em toda a sua condição de interdependência, só posso concluir: a grande e a melhor vitória é a de todos, porque só com todos venceremos e avançaremos de fato. Com uma grande cooperação mútua, o homem, a sociedade, de uma maneira geral evoluirá. E essa grande evolução só acontecerá como uma grande onda. E não com valores egoístas. Não com valores de superioridade. E sim com o sentimento de generosidade recíproco que eleva o homem a despeito da sua impotência em relação a tudo, a todos e ao universo.

13

EMPATIA

O ser humano não ataca, só se defende. Mas sabe o que é o mal, em grande parte, e o faz deliberadamente. Muitas vezes, o seu caráter é determinado pela sua ansiedade, medo, raiva e outros sentimentos que o destroem e dilaceram o outro e a ele mesmo. Determinadas emoções perturbadoras são irrefreáveis. Muitas vezes, são uma reação do seu organismo e só podem ser tratadas com artifícios que mudem a sua química cerebral e corporal. Atitudes grosseiras podem ser reflexo de um desequilíbrio químico que não conseguimos perceber a um simples olhar quando vemos uma pessoa a uma certa distância. Muitas vezes, o problema não é o indivíduo em si, mas a condição psiquiátrica em que se encontra. E assim ele é levado a situações em que a própria condição cerebral, comportamental não deixa escolhas. Passa a ser passageiro do seu próprio desequilíbrio.

Analisando do ponto de vista de que o ser humano, em várias oportunidades, é passageiro do seu próprio desequilíbrio, percebemos como só se defende de sua situação adversa. Erra como forma de defesa dos próprios problemas que o afligem. O que fazer com um sentimento de ansiedade extrema? Muitos tentam suicídio. Outros não conseguem parar sua verborragia. Grande parte não consegue neutralizar o seu nervosismo. Muitos cometem atos de extrema maldade. Mas existe, ainda assim, a sua vontade. Resta ao ser humano lutar contra sua própria natureza e buscar, acima de tudo, melhorar. O seu esforço o fará vencer seus problemas. Ou amenizá-los drasticamente. Depende dele, principalmente, vencer o abismo sombrio que o circunda. A situação de quem tem problemas como esses é cruel. Mas, se não tentarmos sobreviver a eles e nos melhorarmos, quem o fará por nós? A maior responsabilidade é nossa implacavelmente. Explicarei melhor a questão da vontade humana no capítulo 16 — "Livre-arbítrio".

Não dá para julgar porque não sabemos a real condição do próximo. Se ele não teve opção ao cometer o erro. Se a sua condição mental e as circunstâncias do momento não lhe deram opção. Conseguiríamos ter um melhor desempenho, ou faríamos algo muito pior? Não podemos julgar também porque não sabemos a condição mental da pessoa naquele momento. Aliás, é um dos grandes enigmas da ciência: como o outro sente o mundo e como ele sente a si mesmo nas mais diversas situações, como é a sua percepção de fato. Partindo do pressuposto de que não sabemos a real condição do próximo, todo julgamento é leviano no sentido da sua inconsistência. O julgamento está aquém de qualquer fato.

O fato de não vivermos determinadas situações de outras pessoas faz-nos julgar e condenar essas pessoas por não sabermos o que passaram. Como foram suas experiências. A experiência nos dá mais parâmetros inclusive para compreender melhor os outros. Descortinar fatos que antes seriam motivos de revolta e intolerância para nós.

Como todo julgamento é leviano, não poderíamos nos apegar a eles. Deveríamos ter compaixão, e não antipatia. A empatia vem da compreensão. Ou pelo menos da tentativa dela. A compreensão esclarece os pensamentos, as ideias. Clareando o raciocínio, podemos agir melhor. Ou seja, a empatia nos tira das trevas do preconceito, do julgamento e nos permite enxergar as coisas com mais resplandecência. Possibilita sentir com mais altruísmo. Se sentimos mais sobriamente, pensamos melhor e agimos melhor. A nossa empatia, com relação aos mais distantes e, principalmente, com relação aos mais próximos, é algo fundamental para enxergarmos as coisas mais translucidamente e termos mais possibilidade de construir atitudes mais lúcidas e edificantes.

A empatia no estado mais puro é o não julgamento. O futuro do homem é o não julgamento ou algo mais perto disso. Quando tentamos compreender ao invés de julgar, preconceitos se desmoronam e a intenção se torna imparcial. O julgamento se "apropria" da Verdade, a empatia tenta compreendê-la. Julgamentos tentam conquistar o que está além do seu domínio, fazer o homem pensar saber algo que nunca saberá, que julga encontrar com a presunção do simples raciocínio humano. É um momento de soberba. A empatia parte do pressuposto de que o outro é um semelhante. A empatia é a humildade e a caridade.

Como é dito no primeiro parágrafo, o fato de não atacar, só se defender do seu medo, raiva, ansiedade e angústias, não o exime da sua responsabilidade de fazer a coisa certa. Da sua opção de tentar fazer a coisa certa. Por mais que sejamos livres, não como pensamos, devemos fazer a nossa parte sempre. O ser humano erra, muitas vezes, para se defender porque tem sempre um problema anterior do qual a sua reação é o sintoma ou fruto. Ninguém investe contra o outro ou comete equívocos sem motivos. Em tudo há uma relação de causalidade. O que acontece, muitas vezes, é não sabermos a real causa. Quando ignoramos por conveniência ou ignoramos na condição de não conseguirmos identificar essa causa distante, não temos controle sobre o meio que, muitas vezes, é o estopim de reações imprevisíveis para todos. O meio, perdido em momentos esquecidos e (ou) em circunstâncias "escondidas" na história de vida de alguém, influenciando a genética, nos impede de determinar o início do problema, dificultando em muito sua resolução. As escolhas são determinadas, muitas vezes, por algo que o homem desconhece, mas pensa conhecer profundamente. As escolhas se entrelaçam em uma relação de causa e efeito que o homem não tem como saber por completo porque não acompanhou o início e, pela sua condição limitada de homem, não teria como conhecer todas as coisas em sua plenitude. Não teria consciência total de qualquer causalidade, nem da mais simples. O que nos resta é sempre a empatia então. O não julgamento.

Existe uma diferença entre má intenção e limitação ao executar uma ação. Nos julgamentos não sabemos diferenciar o grau exato de cada coisa. Nem a pessoa que teve o insucesso, a ação malsucedida, sabe dizer ao certo exatamente. Não conseguimos distinguir, muitas vezes, dentro de nós os motivos das nossas atitudes. E a nossa memória é falha. Esquecemos os reais motivos de atitudes infelizes passadas e ficamos, talvez, com uma culpa que não merecemos. Portanto, o ser humano não conhece o seu próprio interior por inteiro. Como, então, pode julgar a intenção e o interior de alguém?

A empatia e a compreensão são a melhor saída para chegarmos a uma conclusão mais concreta, livre de interpretações tendenciosas. A empatia busca a sensatez que falta ao ser humano, principalmente, nos dias de hoje. Ao analisar, na maioria das vezes, o estado mental, físico de alguém e a situação que apresenta em determinado momento, o sentimento empático nos possibilita fugir da nossa prisão mental e sermos donos da nossa liberdade, da nossa visão do mundo longe de preconceitos.

A empatia é um sentimento de se colocar no lugar do outro. Podemos ter esse sentimento nos aproximando psicologicamente desse outro e de sua condição. Porém, mesmo quando não gostamos de alguém, podemos ter empatia com distanciamento emocional dessa pessoa de quem não gostamos. É paradoxal, mas existe quando usamos o perdão, uma vez que ele possibilita, por meio do distanciamento emocional, a empatia. Sem o distanciamento necessário, ela se desfaz e pode se tornar um sentimento de raiva ou rancor.

Quando nos colocamos no lugar do outro, podemos enxergar o ser humano por meio do nosso próprio sofrimento, das nossas próprias referências. Portanto, o sofrimento é capaz de unir os homens de uma maneira mais profunda do que imaginamos. O sofrimento é o que há de mais intenso na empatia e na relação humana porque é a melhor forma de vermos como somos semelhantes. A empatia é fundamental para o amor e para a felicidade. É uma importante ligação emocional, de bons sentimentos, entre as pessoas e delas para o mundo, para a humanidade. É o início para o bem entre todos: a tolerância, o respeito. Ver que o ser humano não ataca, só se defende é uma lógica que ajuda a vê-lo melhor. Devemos tratar melhor o início dos problemas e não tentar remediar o que pode não ter mais jeito. E a empatia é o começo do caminho para essa visão não condenadora e de real resgate do ser humano e assim do real resgate de nós mesmos.

Em suma, o ser humano não ataca, só se defende. Mas sabe o que é o mal, em grande parte, e o faz deliberadamente. O homem, para muitos, ataca; mas esse ataque não passa de uma forma de se defender de si mesmo.

14

AMAR AO PRÓXIMO COMO A SI MESMO

Ao alicerçar nossa visão de mundo, ao lutar por algo melhor e buscar a nossa felicidade, deparamos com a dificuldade de amar ao próximo, algo tão fundamental para a construção da nossa vida; deparamos, também, com várias questões muito difíceis provenientes desse assunto tão complexo. Uma delas é a aceitação. Ao tentarmos compreender o ser humano, muitas vezes, nos revoltamos. Temos que aceitar, aceitá-lo. Aceitar suas imperfeições e aceitá-lo como ser humano. Na vida, quem tem de mudar não é o mundo ou o próximo, somos nós. Há coisas na existência de cada ser humano que nunca vamos saber e que, talvez, expliquem suas atitudes. Nunca saberemos toda a Verdade Absoluta dos fatos da vida de alguém. Nem a própria pessoa. Por tantos motivos, é tão difícil amar ao próximo. Por isso, não devemos tentar compreender o outro totalmente, nunca conseguiríamos. Por um lado, isso não nos impede de tentar ajudá-lo a ser uma pessoa melhor; por outro, não podemos deixar de sentir revolta por determinadas circunstâncias que o envolvem e que o fazem nos atingir.

Para amar profundamente, não precisamos nos envolver tanto quanto acreditamos, mas podemos ficar próximos emocionalmente de quem gostamos. Ao nos distanciarmos, poderemos tentar amar a todos se quisermos. Para amar aquele de quem não gostamos, devemos manter uma distância sentimental. Não nos aproximar tanto emocionalmente. Esse distanciamento está além de limites ou regras, é algo no nível emocional. Se nos envolvermos com alguém que não admiramos, podemos nos decepcionar apesar da pouca expectativa. Dificilmente poderemos amar as pessoas de quem não gostamos como amamos as outras por quem temos grande afeto. A confiança, também, não deve ser a mesma. E essa distância é a

A REALIDADE, A HUMILDADE E TODOS OS DEMAIS SENTIMENTOS

chave para esse amor: amar sem ser levado pela emoção descuidada e calorosa; amar com cuidado, atenção, empatia e não nos permitir perder o equilíbrio com o outro com quem temos menos afinidade. Podemos ajudar, mas não será uma relação tão profunda quanto a que temos com pessoas mais estimadas. O fato de não gostarmos de alguém por divergências variadas não significa que, no futuro, não possamos amá-lo. O mundo vai além da nossa visão humana limitada. Podemos amar àqueles a quem não admiramos, de quem não gostamos.

Amar com distanciamento. Mas o psicólogo não faz isso? De certa forma. O psicólogo ajuda com distanciamento porque se amasse de fato, e de uma forma contundente, ele se envolveria e isso prejudicaria a terapia. O amor com distanciamento é algo além da ajuda. É algo maior. A ajuda do psicólogo é algo profissional. O amor verdadeiro é uma coisa além disso. A doação é maior. O amor verdadeiro é algo que transcende um código natural da profissão e não cobra dinheiro por isso. Quanto mais dinheiro for envolvido no amor, mais ele é profissão e menos sentimento.

Aprendendo como podemos amar mais, podemos perdoar mais também. Para perdoar, temos que nos desligar do sentimento de mágoa para ver a situação de um ângulo melhor, mais imparcial. Assim podemos compreender melhor o ser humano e, também, as circunstâncias que motivaram aquele erro. Perdoar é o primeiro passo para quem sabe no futuro amar. Todo esse processo demora muito tempo e é árduo. E o ato de amar quem quer que seja, em qualquer situação, depende sempre de um primeiro passo. O princípio do perdão é o do desligamento da situação danosa para pensar com equilíbrio e buscar um ponto de vista mais favorável a fim de tomar as melhores decisões — que são o perdão e o amor, sentimentos que diminuem o sofrimento provocado pelo ódio e pelo rancor de quem não consegue perdoar. Um princípio que também serve para situações difíceis e que implica o desligamento da dificuldade. Significa olhar por um outro prisma, com outros sentimentos menos nebulosos para enxergar "de um ângulo melhor", mais claramente, a situação, e assim não ser tomado pelas emoções embaralhadas, por conseguir raciocinar melhor.

É claro que o fato de perdoar alguém de quem não gostamos, ou até mesmo amá-lo é algo muito complexo, mas o sentimento de um entorpecido rancor não nos leva a nada nunca. A atitude do primeiro passo contra o fluxo do ódio e do rancor, analisando de uma maneira geral, é um dos principais atos para acabar com esse sofrimento — a grande inflexão. O ódio e a mágoa nos fazem sofrer e cabe a nós, pelo nosso próprio bem, tentar saná-los. Como disse, o primeiro passo é a atitude do não sofrimento, e o não sofrimento é o desligamento da nociva emoção que nos prende à outra pessoa — perdoando-lhe. É algo altamente difícil, depende de uma vontade, que muitas vezes pode parecer absurda. Necessita disso a nossa felicidade, e por meio dela somos pessoas melhores. Então, o sofrimento começa a cessar aí. A vontade de nos melhorarmos tem que ser muito maior e muito mais altruísta do que o prazer da vingança nascido no ódio ou no sofrimento causado pelas lembranças recorrentes, ou até mesmo obsessivas trazidas pela mágoa. Para perdoarmos, temos que ter um amor por nós mesmos muito maior. E, na medida do possível, devemos sempre querer evoluir mais, para assim ver o próximo de uma maneira diferente. Podemos, sim, amá-lo, apesar das diferenças.

Devemos ter um distanciamento no relacionamento quando convivemos com um animal de estimação feroz, ao receber uma ofensa de uma pessoa desequilibrada e ao amar o próximo, sendo esse próximo pessoa difícil, agressiva. Devemos ter um distanciamento, também, quando vemos transeuntes nas ruas passando fome e pessoas sem tratamentos médicos na televisão, porque amar se revoltando ou nos expondo caridosa, mas descuidadamente, contra essas injustiças dificilmente trará o bem a nós e a elas infelizmente. Quando nos distanciamos emocionalmente do próximo desconhecido, distanciamo-nos também do sentimento de culpa ao tentarmos dar-lhe atenção e ajudá-lo. Culpa de termos e o outro, não. De estarmos em uma condição privilegiada, e dependendo do ponto de vista de cada ser humano, de nos sentirmos responsáveis pela condição de miséria e sofrimento do próximo. Quando nos desligamos desse sentimento, acaba a nossa dor relacionada a cada semelhante. Podemos então ajudá-lo melhor, substituindo a culpa pelo amor, conseguindo ser mais úteis e lúcidos, para ter uma melhor e mais profunda dedicação nessa ajuda. Devemos ter um distanciamento emocional nos nossos diferentes tipos de relacionamentos porque existem vários tipos de pessoas com inúmeros tipos de personalidade, cujas reações a cada momento, nunca poderemos prever; pessoas que consideramos de temperamento árduo ou não. Dependendo do nosso distanciamento emocional, as pessoas se tornam mais ou menos difíceis. A nossa percepção é fundamental. Devemos amar, ajudar, mas sem nos prejudicar. E essas reservas são fundamentais para não nos decepcionarmos. A chave para os relacionamentos é uma relativa ou grande distância psicológica. E há diversos tipos de reservas para cada relacionamento. É melhor amarmos com res-salvas do que odiarmos ou desprezarmos. E no futuro evoluirmos nesse amor. Pois, se não soubermos guardar uma certa distância, o amor pode dar lugar ao rancor e à mágoa em relação às pessoas que admiramos ou não.

Podemos manter, também, um certo afastamento para que o relacionamento amoroso não saia do controle. É sempre bom termos a clara percepção dos nossos limites e dos limites do outro para a nossa liberdade individual, vivermos a nossa individualidade, termos a nossa opinião. A manutenção dessa distância em todos os nossos relacionamentos é fundamental para tomarmos nossas decisões e vivermos nossos sentimentos de forma autêntica e verdadeira, tranquila e lúcida. E antes de "aceitar", "compreender", tudo o que o outro faz — o que seria o "amor incondicional" —, temos que amar primeiramente a nós mesmos. Se assim o fizermos, nem tudo será permitido. Saberemos discernir o que nos é nocivo do que nos faz bem. Para amar o outro de forma forte, nos sentindo realizados, temos que primeiro amar a nós mesmos, se quisermos ter um amor sólido, duradouro e profundo, um sentimento realmente consistente. Mesmo quando conseguimos atingir esse amor mais sólido pelo outro, devemos saber que não é o amor incondicional, e sim o amor restrito humano apenas. O verdadeiro amor incondicional não pode ser atribuído aos seres humanos porque significa um amor total, ilimitado, irrestrito, infinito; e nós, homens, somos falíveis. Somos seres limitados, finitos; inclusive nos nossos sentimentos.

Da mesma forma que temos a nossa liberdade em relação ao próximo como uma forma de respeito, conquista, alimentada por ambas as partes, devemos ter a nossa liberdade, o nosso distanciamento, com relação a nós mesmos — o nosso autorrespeito — porque nunca saberemos toda a nossa verdade em qualquer linha do tempo. Não sabemos porque somos tão restritos. A distância do nosso inconsciente desconhecido em relação à nossa percepção consciente é um mundo gigantesco, muitas vezes, inabitado. Existem fatos inconscientes que jamais imaginaríamos em nós. Talvez, por tantos motivos obscuros em nossa mente, seja difícil amar a nós próprios. Antes de amar o próximo, temos que nos aceitar e nos amar honestamente e o mais próximo do incondicional que pudermos.

É falado para amar. Mas amar como? Muitas vezes, amar pode se tornar um abismo intransponível. Como atravessar um turbulento rio de uma margem à outra sem ponte? Amar com indulgência. Mas como chegar a essa indulgência? E no amor? Como chegar a esse amor? Como atravessar um largo e duro rio, com uma forte correnteza sem algum conhecimento para sermos bem-sucedidos nessa travessia? Atravessá-lo a nado, por exemplo, seria algo como uma inconsequência absurda. Falam-nos para amar e nos culpam se não amamos. Mas não nos dizem como tornar o amor algo possível dentro de nós. Como chegar a esse sentimento de fato para atravessar a tempestade do ódio, do rancor e da mágoa e ascendermos à bonança das boas emoções. Precisamos sobreviver a essa luta para construir essa ponte e atravessarmos esse rio. Uma ponte segura. Como deve ser segura a nossa força para não fracassarmos na prova desse bom sentimento, e não permitir que se transforme em algo que nos arruinará definitivamente. Só a nossa luta aliada à reforma moral e ao amor construirão essa ponte para chegar a algo mais sereno perto da nossa verdadeira afeição por nós mesmos e pelo próximo. Por meio de uma racionalidade que visa sempre primeiro a nós mesmos e depois ao outro, conseguiremos relacionamentos mais equilibrados. Uma aceitação verdadeira da natureza humana, inclusive a nossa por nós próprios, nos fará chegar às respostas mais sólidas. E o distanciamento na relação consolidará esse sentimento de querer bem ao próximo e elevará a autoestima de cada indivíduo, protegendo-o. É preciso saber ceder com inteligência na relação porque cedemos hoje, mas amanhã quem cede é o outro. Assim, todos ganhamos. E, também, é claro, muito bom humor para diluir emoções e momentos ácidos de ambas as partes e marcar os bons momentos, transformando-os em inesquecíveis. Assim, por tudo citado, talvez, o equilíbrio seja muito, muito mais sólido. A ponte começará a ser construída. Por meio do distanciamento. Por meio do distanciamento com amor.

Falam para amar, mas não dizem como. Falam para nos jogar num rio de forte correnteza, mas não dizem como chegar à outra margem. A vida é uma travessia que temos que vencer com uma visão voltada a algo mais adiante, mais além. Muitas vezes nos falam para fazer, mas não nos dizem como. Assim é com os sentimentos.

Apesar de todas as dificuldades, a melhor filosofia é o amor. O ideal seria que amássemos o próximo como amamos a nós mesmos, mas, infelizmente, isso não ocorre. Por isso, temos que lutar com nossas forças. Lutar com o que temos, com o que somos. O amor não escapa às relações de causa e efeito, mas gera um bem maior que reflete coisas benignas em toda essa interminável cadeia de fatos. "Quem planta vento, colhe tempestades." Temos que lutar para que nossa vida não seja em vão, amar ao próximo como se fosse uma parte de nós, somos um só. Neste planeta, é a única maneira de vencermos. A queda de quem cultiva coisas ruins pode ficar incontrolável. Mas com o bem, o irreversível é o que de melhor pode ocorrer. O bem é a evolução, o irreversível é a evolução de tudo, do universo. A ordem no caos. O irreversível é o bem, e o bem é o amor. A melhor filosofia é o amor sempre. O melhor caminho é o amor sempre.

Observação: Sobre o bem ser irreversível, pegamos como exemplo um homem muito evoluído conhecido e admirado na história do Brasil: Francisco Cândido Xavier. Um ser com essa evolução moral não se transformaria em um bandido de alta periculosidade, mas um bandido de alta periculosidade tem sempre muito a evoluir. E é muito mais difícil a regressão desses sentimentos benevolentes do que o contrário, na ascensão do puro sentimento atroz. Quanto mais evoluídas forem as circunstâncias, ou seja, quanto mais amor e bondade, mais fácil reverter o caminho do próximo para o afastamento da estrada contra o amor e contra a bondade.

15

FELICIDADE

A felicidade está em amar. Amar a si mesmo, ao próximo e ao planeta. Se odiarmos alguém, não seremos felizes porque a causa e efeito do rancor e do ódio não nos darão a paz da felicidade. Amar é uma preocupação muito mais fértil do que se imagina. O homem não deve alimentar o sentimento de rancor e de ódio pelo próximo, tampouco deve se preocupar com o outro e com os problemas desse outro de forma nociva. Ou seja, deve preocupar-se em ajudar o próximo. Esse equilíbrio possibilita o perdão que trará futuramente a paz. Isso ocasionará um desligamento emocional do outro e dos seus problemas, portanto. É como se nos desligássemos da tomada. O distanciamento emocional funciona como segurança para não alimentarmos a mágoa na relação com esse próximo, mas buscando uma atitude de afeição por ele no futuro. Essa mudança de atitude representaria um enorme passo, um ato engrandecedor, para todos nós. Isso nos aproximaria um pouco mais do que é ser feliz e ser mais complacente. A chave para ter paz de espírito é a tranquilidade, tentar ser simples nos sentimentos, pensamentos e atitudes, não se preocupar incessantemente. A felicidade é baseada nessa paz de espírito e na simplicidade. Um dos pilares da felicidade está na tranquilidade em relação ao sofrimento. E o amor e um distanciamento seguro na relação com o próximo dão a condição de tranquilidade para o homem não se preocupar com muitas coisas que podem ser nocivas e ter muito mais momentos serenos. A felicidade e o amor têm como estágio final sublime a serenidade.

Distanciarmo-nos emocionalmente dos próprios problemas nos dá uma visão mais clara para resolvê-los e sermos felizes. Nos piores momentos, temos que tentar nos sentir o mais confortáveis possível para lidarmos melhor com as mais cruéis adversidades e vencê-las. Quanto mais confortáveis nos sentirmos dentro de uma situação adversa, mais lucidez e melhor percepção teremos para resolver os problemas. E é nos momentos de adversidade que devemos buscar maior tranquilidade.

A busca do homem pela felicidade é um caminho árduo e constante. Para se sentir realizado, pleno, sereno e ser feliz, o homem precisa aprender a aceitar as coisas que não consegue absorver sem humildade. Reconhecer que não pode entender tudo. Não se pode ser feliz com presunção. A felicidade não vem só do entendimento, não vem só do saber. A aceitação é a única forma de vencer a inconformação com o que mal se sente e mal se compreende.

Quando o homem ama o próximo, mesmo não o entendendo totalmente, tem menos preocupações porque sua mente vive mais repleta de sentimentos brandos e equilibrados que acalmam sua consciência. É preciso fazer desse amor um motivo de aprendizado, embora muitas pessoas a quem é direcionado esse amor possam representar algum perigo. Aprender, apesar dos espinhos dessa relação. Aprender com longitude. Dessa forma, o homem sairá sempre ganhando. O equilíbrio gera mais sensibilidade e autocontrole por oferecer possibilidades maiores de aceitar as pessoas e o ambiente onde estão essas pessoas para compreendê-las melhor e amá-las mais. Isso tudo reduz preocupações e sofrimento que, não raro, tornam a vida do homem mais atroz.

As limitações do ser humano — e me incluo nessa espécie — são muito grandes. Exigir algo que o outro ou nós mesmos não conseguimos fazer, seja por incapacidade física e intelectual ou por imaturidade emocional e moral, é viver frustrado. A adaptação às nossas limitações, seja em qualquer situação, é sinal de sabedoria. Lutar pela evolução, mas não ficar intolerante ao insucesso. A felicidade vem da aceitação. Lutar sim, mas também saber aceitar a Realidade como algo que, muitas vezes, independe da vontade do homem. Quando se tem a real noção de que o homem muda muito pouco, não há motivos para ir contra a sua natureza e se abalar com isso. Só assim desenvolvemos a tolerância e o perdão. Isso é a única coisa sensata que nos resta. A verdadeira libertação está em

A REALIDADE, A HUMILDADE E TODOS OS DEMAIS SENTIMENTOS

não querer mudar o outro, portanto. Ou não querer que ele seja diferente do que realmente é. É adaptarmos sempre a nossa visão em relação ao mundo.

Não se preocupar perniciosamente com o outro. A preocupação danosa não tem relação com o fazer o bem. Além disso, ela pode enfraquecer o desejo de fazer o bem. Quando gritamos, ou agredimos verbalmente o outro, nós nos afastamos da lucidez e isso depõe contra fazer o bem a esse outro e a nós mesmos. Quando não nos preocupamos nocivamente, encontramo-nos muito mais brandos, e, por isso, muito mais propensos a sermos felizes e mais aptos para fazer o bem.

Por isso, para ser feliz, ter paz de espírito, é preciso entrar em um certo "estado de descanso" com relação ao meio, ao próximo e a si próprio — buscar sempre uma serenidade antes de tudo. Isso não significa acomodar-se diante das situações. Pelo contrário, essa tranquilidade é o que vai fazer seguir em frente. Pois, por incrível que pareça, quando o homem está equilibrado, a luta — o fato de não se conformar com o que está ao seu redor e querer mudar para melhor — faz parte e não destrói o equilíbrio. O equilíbrio busca a constante mudança para a evolução, assim como é na natureza, no cosmos, na felicidade.

O resgate dos valores é o que permite chegar com mais vigor à felicidade. Tanto o indivíduo como a sociedade precisam de qualidades morais para progredirem, o ser humano nunca é feliz sem eles. O rompimento dos rígidos entraves sociais é necessário para a evolução em um futuro distante ou não. Com esse rompimento, outros horizontes permitem alcançar novos pensamentos e corrigir os erros do passado, embora, muitas vezes, isso não seja possível. Essa abertura nem sempre é feita com uma total e segura sensatez, mas tem que recuperar, acima de tudo, os valores que dão ordem e humanismo à sociedade. Na evolução científica ou de qualquer espécie, não é saudável se desprezar os valores morais. Esses fenômenos podem se voltar contra nós fatalmente. No ambiente estudantil e acadêmico, o aperfeiçoamento desses valores praticados na vida cotidiana, ajustados como matérias nas escolas, seriam de grande valia para estruturar indivíduos mais responsáveis e éticos na sociedade. Tanto no ambiente estudantil quanto no acadêmico, por exemplo, estudam-se disciplinas como a Matemática. Poder-se-iam estudar também matérias como Ética em todo o período do currículo escolar. E praticá-las na escola, em casa e nas ruas como forma de assimilar um conteúdo tão importante na vida das pessoas, que é ajudar ao próximo. Praticar a caridade. Praticar a ajuda como algo fundamental para que essa roda viva, esse globo, que é o planeta Terra, circule mais humanamente. Estimular passeios que levem os estudantes a institutos que ajudam idosos, deficientes e crianças desamparadas pelas famílias. Só o bem pode provocar isso. Só o bem pode provocar o bem. Em tudo na vida, quanto mais o praticarmos e nos esforçarmos, melhores seremos. Condenar um miserável ou a miséria como um todo, simples e unicamente, não resolve o problema. Um julgamento não capta nunca a real dimensão de um fato. Precisamos agir. Temos que resolver o problema com atitudes, não adianta ter indivíduos muito preparados intelectualmente se não "entendem" a real situação dos fatos. Por isso, a índole de uma pessoa é muito mais importante do que os seus conhecimentos acadêmicos, mas parece que muitos não se importam com isso. Compreender verdadeiramente tudo isso é compreender que, para a evolução na vida, a luta é essencial. A luta pelo próximo, para essa evolução, para o bem-estar de todos. Para sermos, sem exceção, felizes. Só essa luta social pode resgatar os valores morais como uma força propulsora para a tranquilidade e o bem social de um país e, também, do planeta como um todo.

Ser feliz requer, também, equilíbrio e sensatez. Isso estimula o desenvolvimento de virtudes como a retidão, o senso de justiça. O equilíbrio e a dignidade de cada um alimentam uma abertura de pensamentos e ações que gera indivíduos mais realizados e uma sociedade mais harmoniosa. É preciso resgatar valores como responsabilidade para erigir uma sociedade com indivíduos mais saudáveis psicologicamente e moralmente e, portanto, mais felizes e humildes, uma sociedade melhor.

A pessoa humilde aceita as coisas com mais facilidade e naturalidade, sem revoltar-se. A humildade é um sentimento que é base

A REALIDADE, A HUMILDADE E TODOS OS DEMAIS SENTIMENTOS

indispensável para a atitude da aceitação. Devemos ser humildes, mas não acomodados. Os erros só são aceitos e, por consequência, sanados de uma maneira psicológica permanente quando a pessoa é humilde para reconhecê-los. E a atitude da aceitação cresce por meio desse sentimento de humildade. Base, também, para a força. E a grande força está em saber o momento em que devemos lutar e em que devemos parar ou esperar. A aceitação e a humildade dão paciência e sensibilidade ao indivíduo, pois nos permitem ver onde e por que erramos. E tentar reparar o erro. Não nos deixar afetar, para resolver os problemas com mais lucidez.

A aceitação está ligada à não ansiedade pela procura do êxito. Diferente de não buscar resultados, a não ansiedade significa não ter obsessão por eles, sem se abater com as dificuldades. Há uma diferença entre busca equilibrada e busca obsessiva. Uma coisa é não ter ansiedade, a outra é não buscar resultados, que é uma coisa impossível para o ser humano porque essa busca por resultados faz parte da sua natureza. O simples fato de fazermos algo já representa essa difícil procura. O segredo está na aceitação, inclusive do fracasso. Podemos, sim, buscar resultados, mas sem ter uma grande ansiedade por eles, sem tantas expectativas. Aceitar as derrotas e aprender com elas. Aceitar quem somos.

O grande medo, muitas vezes, vem em relação ao mau resultado: as consequências do fracasso que podem gerar cruéis e dolorosas decepções, ocasionando inclusive a depressão; temos que reestruturar nossa visão — a maneira como enxergamos a felicidade — e, consequentemente, nossa vida para vencermos definitivamente. A mudança de visão, de como descortinamos nossa existência, transforma nossa mente também para vencermos maiores e mais complexos desafios e andarmos mais tranquilamente na estrada árdua da vida.

O maior medo do homem é o medo de si mesmo. O medo de seus próprios julgamentos, de não se aceitar. O medo de não vencer seus fracassos, de se sentir desacreditado. E não conseguir encontrar a sua felicidade. A maior parte da felicidade está no conceito do homem sobre si. Em se aceitando, aceitará os outros, seu meio, os seus insucessos e as injustiças — principalmente as que comete contra si e contra os outros — com maior contundência e assim terá mais lucidez e determinação para resolver os seus problemas independentemente do tamanho que forem. A aceitação é uma questão de amor do homem por si próprio principalmente. Quando se aceitam os problemas, a preocupação diminui. Aumenta a paz de espírito e aumenta, também, a felicidade. Devemos nos desligar o máximo possível da opinião ou ação daqueles em quem não confiamos ou sabemos que não querem o nosso bem. O fato de o homem não ter medo dele mesmo, de seus julgamentos e se aceitar diminui o medo do próximo e o peso da sua opinião. Dessa forma, ele não se abate tanto com o mal que lhe é desferido. O terreno psicológico que recepciona esses males passa a ser mais inóspito. Assim, o homem, sempre que possível, pode tirar boas conclusões dessas investidas e fortalece-se, mudando o mecanismo do sentimento e do raciocínio com relação a esse mal. O segredo para a tranquilidade é focar em si, na sua melhora e na sua evolução. Não se ligar, nem se influenciar de forma negativa ou tentar modificar os outros. É ilusório pensar que podemos modificar alguém pelo nosso desejo de modificar, pela nossa influência. Não se deixar influir nem se prejudicar pela equivocada interpretação do próximo sobre todos e pelas circunstâncias de fatos infestos.

Assim, o caminho de cada homem começa e termina nele mesmo. Ele é o filtro do que ocorre no meio para decidir sua vida. Suas decepções, as injustiças sofridas têm o seu molde mental que são a sua interpretação da Realidade. Para evoluir, tem que vencer os seus medos. Só assim conseguirá transcender de seu estado atual e progredir como ser humano. A sua maior vitória está em superar suas armadilhas mentais que o separam de uma felicidade realmente palpável. O homem encontra dentro de si, inevitavelmente, o seu maior abismo.

E esse abismo que reside no homem começa, também, no desgaste da sua autoimagem. Esse conceito depreciado pela consequência de seus erros é um obstáculo cruel que, em incontáveis oportunidades, o impede de sair desse precipício e o faz deslizar nessa pedra escorregadia indefinidamente, acabando com o que

A REALIDADE, A HUMILDADE E TODOS OS DEMAIS SENTIMENTOS

seria sua alegria ao olhar seu reflexo sobre a superfície da água e não se orgulhar. Assim sua reconstrução moral lhe dará forças para ascender nesse desfiladeiro. E uma vez que o homem é responsável pela própria opinião, não deve deixar que o outro o influencie a destruir o que seria o seu mais sensato autoconceito. O outro não pode, de forma alguma, induzir nenhum ser humano a não gostar de si próprio. A nossa própria opinião, dentro dos limites do equilíbrio, é mais importante do que a de qualquer outra pessoa.

O fato de conseguirmos nos distanciar do próximo com amor nos dá capacidade para nos afastarmos psicologicamente dos problemas e enxergarmos nossa vida mais equilibradamente. Com o distanciamento de si mesmo no aspecto emocional como proteção, o homem poderá se amar sem se perder desgovernadamente em seu caminho. E assim, ao se afastar dos seus próprios problemas, conseguirá resolvê-los mais contundentemente e ser mais feliz.

Para ser feliz, o ser humano não deve apegar-se crucialmente às conquistas, raras ou não, nem ao dinheiro e nem mesmo às outras pessoas que nos despertam dúvidas em relação ao seu caráter. Até mesmo em relação às pessoas essenciais na vida do homem, deve-se ter ressalvas, pois podem decepcioná-lo e abandoná-lo por inúmeros motivos, inclusive pela fatalidade do falecimento. E assim, por esse desapego, estará mais preparado para aceitar essas partidas. O homem deve ver a si próprio como maior foco e prioridade, tentar bastar-se ao máximo possível porque os outros, as conquistas e o dinheiro se vão. Deve se apegar, portanto, à sua evolução moral. Essa, sim, pode mudar sua personalidade para melhor, não o abandonará nunca e mudará sua vida mais substancialmente, porque será parte dele.

Essa evolução moral começa no sentimento. O sentimento é o mais importante. É ele que conduz os pensamentos e as ações. Quando o sentimento é bom, embora não se permita ser contaminado pelo meio, pode mudar os pensamentos e ações do homem e quem sabe um pouco do que está à sua volta. A mudança de raciocínio vem do sentimento que direciona o talento, a percepção e a intenção, tanto no que se sente de pernicioso quanto no que se sente de nobre.

O bom sentimento é o começo daquilo de que o mundo precisa: uma causalidade que seja um fluxo constante de ações que modifiquem todo o ambiente. E isso só é possível com bons sentimentos, que são a base para essa evolução. A evolução do homem é o bem de todos. O mal do próximo gera mais revoltas que só podem ser sanadas com a assertividade dos bons sentimentos que anulem o desequilíbrio. Essas revoltas, guerras de todas as ordens, retardam todo o processo em boa parte das vezes. A real evolução só existe com o perdão, a humildade e a benevolência absorvida de fato pelo ser humano. Os sentimentos são essenciais para a evolução, para que se consiga chegar à felicidade. Por isso, o sentimento é sempre o mais importante. E para ter esse sentimento de felicidade, o homem precisa de um profundo autoconhecimento. A humildade o ajuda a superar o medo de si mesmo, aceitar seus erros, reparando-os e evoluindo. Esse fluxo de ações permite um melhor autoconhecimento porque lhe possibilita olhar para dentro de si, sem fugir, sem "escapar" do benéfico auxílio na reforma moral, que é fundamental e é o maior alicerce para a felicidade. E o autoconhecimento ajuda o ser humano a ser concretamente mais feliz.

Para o homem vencer essa tempestade de sentimentos que é a sua vida, inclusive para vencer um sentimento tão cruelmente antagônico à felicidade — o sentimento de culpa —, não pode se permitir envolver emocionalmente com a(s) pessoa(s) ou com o(s) fato(s) que lhe despertem grande aflição. É preciso haver um distanciamento emocional para que haja a serenidade, e assim vencer o medo de não ser perdoado pelos outros, nem por si mesmo. O sentimento de culpa aumenta o medo. E o medo social está presente no remorso, na culpa e no receio de não ser aceito, na própria penitência das pessoas ao perceberem o outro como diferente ou ao se sentirem muito diferentes. Muitas vezes, a culpa é gerada por hostilidades e agressões que transformam alegrias em transtornos mentais diversos abalando o conjunto de valores morais. Não pode ser transformada em algo comum, tolerado por todos, uma rejeição gerada por parte da sociedade, ou uma agressão transferida de forma covarde para um indivíduo que deveria amar a si mesmo com seus defeitos e qualidades, dificultando a sua própria aceitação. Pois esse sentimento

A REALIDADE, A HUMILDADE E TODOS OS DEMAIS SENTIMENTOS

de autoafeição é a maior força propulsora para a autoestima. E o sentimento de culpa trazido pela rejeição tem o maior peso em todo esse processo. Está em nós o maior compromisso de vencer esse sentimento, vencer a nossa não aceitação e vencer o nosso medo. Toda superação nos deixa mais fortes.

Ninguém é feliz fazendo o mal, destruindo e agredindo de forma covarde os outros, porque as consequências dessa relação de causa e efeito psicológica de quem faz esse mal, "o efeito dominó" que se perpetua na mente da pessoa, a impedem de ter paz, que é um dos sintomas de quem sente a felicidade. Quem é transtornado nesse sentido é infeliz, mas quem tem uma paz verdadeira encontra o contentamento profundo. Esse "efeito dominó" psicológico da infelicidade atormentará a pessoa até que reverta todo esse processo, fazendo o bem, tendo, portanto, mais paz de espírito e sendo mais realizada e tocando e sentindo o que seria a felicidade possível. Por isso, a pior e a melhor consequência para o homem vêm sempre dos seus atos. A pior consequência para todo mau caráter é a infelicidade.

Como nutrir a felicidade, esse sentimento de se sentir bem? Como nutri-la com maus sentimentos? Como ser feliz com maus sentimentos, esses que, em virtude da relação de causa e efeito psicológica, nunca vão levar à felicidade? A resposta é sentir, pensar e fazer o bem. Só assim a felicidade será algo palpável. Não podemos querer ser felizes agindo contra o princípio da felicidade que são os bons sentimentos, pensamentos e ações. Não podemos querer nos sentir bem e sermos felizes se só fizermos coisas nocivas. O que sentimos, pensamos e fazemos de bom é a grande e mais importante engrenagem para a máquina da mente e a máquina do meio andarem e trabalharem a nosso favor, para todo o sistema funcionar além do determinado. O amor e a felicidade são a sinergia. Sinergia é um termo usado na Administração. Significa *algo que faria as partes de um sistema interagirem para gerar algo maior, o que as partes não conseguiriam fazer ou atingir trabalhando isoladamente.* Essa definição foi extraída das minhas aulas do curso de Administração no Centro Universitário de Brasília. E, nesse exemplo em particular, o amor e a felicidade são esse algo maior, fazendo a máquina da mente e do meio funcionarem muito mais eficientemente. Se não trabalharmos o amor e a felicidade, seremos como se fôssemos partes desse sistema trabalhando isoladamente. O amor e a felicidade nos dão a união, o algo maior. É esse algo mais que faz o sistema em que vivemos funcionar e trabalhar muito melhor — essa grande sinergia. E só conseguimos nutrir a felicidade e o amor nutrindo bons sentimentos — a centelha para essa grande e fantástica alavanca.

Ao buscar uma felicidade pragmática, de acordo com sua experiência de vida, este autor, que tentou galgar algo melhor em sua vida depois de muitos altos e baixos, viu que ela, essa felicidade, vem com a vontade de lutar, de não desistir. As coisas nem sempre funcionam como queremos. Mas, muitas vezes, por mais que a solução pareça inalcançável, a luta, a perseverança e a humildade podem transformar, mesmo com muito sofrimento, o improvável em algo possível. Por isso, devemos aceitar quem somos, a nossa família, as pessoas, nossa condição de vida, nosso meio e, principalmente, as nossas dores. Isso dá uma força maior, inclusive para sermos mais humildes e mais perseverantes. É importante não termos medo de nós mesmos, de nossos julgamentos, dos nossos fracassos e das consequências desses fracassos; não buscarmos resultados com muita avidez; não nos ligarmos de forma equivocada ao próximo, não criarmos expectativa em relação a ele; nem nos decepcionarmos com sua opinião, ou com suas atitudes, aceitando-o como ele é.

Amarmos com um saudável distanciamento nos dará tranquilidade para termos equilíbrio. Esse equilíbrio proporcionará um conjunto de ganhos, como sensibilidade e autocontrole para termos melhores resultados na vida. Esses bons resultados não podem nos servir para diminuir o nosso sentimento de humildade. Pelo contrário, servem para aumentar essa humildade porque quanto mais lúcidos, mais percebemos a nossa impotência e pequenez perante a grandeza, a profundidade e a complexidade da Realidade e do universo. Quando chegamos a esse estágio, precisamos passar por provas para sermos mais humildes sempre, principalmente nas boas realizações, e para não cairmos na tentação do profundo contentamento — não nos embriagarmos na euforia do sucesso. Mantermo-nos serenos, pela sensatez que esse sucesso nos exige. Isso nos dará mais tranquilidade

A REALIDADE, A HUMILDADE E TODOS OS DEMAIS SENTIMENTOS

para lutarmos a cada dia. E força em um processo progressivo que nos deixará cada vez mais experientes. E, quem sabe, mais felizes com essa sabedoria. O processo começa e termina com a força de lutar, e o sentimento de luta impulsiona todos os outros sentimentos. A verdadeira luta edificante nos proporciona a paz de espírito, chave para a felicidade. E a paz e a felicidade residem no bem e esse bem é solidificado pela humildade, caridade e, acima de tudo, pelo amor.

Temos a ideia de que, quando alcançarmos a felicidade, chegaremos a um contentamento absoluto, que os problemas acabarão. Mas não vemos que nada referente ao ser humano, no aspecto psicológico, é absoluto. A felicidade não é absoluta. Por isso, para sermos o mais felizes possível, temos que nos aperfeiçoar ao máximo na questão da causa e efeito psicológica que nos cerca. E nos adaptarmos às circunstâncias da melhor maneira que conseguirmos na resolução dos nossos mais íntimos e intrínsecos problemas. Só assim chegaremos o mais próximo possível de uma felicidade que seria perto da absoluta. Para mim, uma grande e preciosa arma para a felicidade é termos a paz de espírito em nossos sentimentos sendo irradiada para os nossos pensamentos e ações. A infelicidade reside no oposto; no medo, na má preocupação. E, quando damos o devido valor às coisas nocivas sem permitir que nos destruam de uma forma ou de outra, com certeza evoluímos. O importante é conseguirmos não supervalorizá-las, nem nos abatermos. Então, o medo passa a ser segurança porque aprendemos com ele. Cada um à sua maneira, com o seu aprendizado.

A felicidade é adaptada à realidade de cada um. Imaginamos que a felicidade para alguma pessoa seria algo, mas não imaginamos todos os inúmeros detalhes que existem e regem cada situação da vida dessa pessoa e que podem fazer a diferença no julgamento para prevermos se essa pessoa será feliz ou não. Uma solução será boa para nós, mas para a outra pessoa, talvez, não seja. Uma grande falha do ser humano é pensar que o seu modo de raciocinar pelo seu conhecimento, experiência e inteligência resolverá algo ou quase tudo. Mas a Realidade é muito mais complexa que a sua capacidade de entendimento, inclusive que a sua capacidade de ser feliz. Ele pensa que o que faz a si próprio feliz fará aos outros também, mas não domina a sua felicidade, muito menos a dos outros. A felicidade não está em viver o que foi programado. E sim em saber viver algo que não imaginamos, que não programamos. E nos adaptarmos à Realidade da vida concreta. A felicidade depende da capacidade de adaptação. Adaptação às circunstâncias das coisas, da vida. Dessa forma, a nossa felicidade jamais poderia ser algo hermético, inerte. A felicidade, portanto, está intimamente ligada à Realidade e não poderia ser diferente. Quanto maior a capacidade de adaptação ao imprevisível, mais chances teremos de sermos felizes.

IV

PARTE FINAL

Nestes últimos capítulos, apliquei os conhecimentos de todo o livro para nortear a minha consciência e, com o meu aprendizado, explicar como venci por completo a maioria dos meus transtornos mentais. Enfatizei os reais sentimentos e atitudes que tive que desenvolver para vencer os meus medos mais íntimos, assustadores e as minhas dores mais cruéis. Talvez, a maior e mais penosa vitória em toda a minha vida — permanecer vivo. Acredito que, como foi de extrema preciosidade para mim, pode e vai ajudar a muitas pessoas.

16

LIVRE-ARBÍTRIO

Até onde a dúvida pode nos ajudar? Até quando podemos nos fortalecer em uma situação de impasse em que nossa vida, nossos valores mais intrínsecos estão envolvidos? Até onde pode ir nossa benevolência para evoluirmos? Como nossas dúvidas poderiam nos melhorar?

Além de todos os questionamentos anteriores, como discernir o que é livre-arbítrio do que é genética? As nossas escolhas são determinadas pelo livre-arbítrio ou pela genética? Ou as duas coisas simultaneamente? A genética está ligada à existência, ao sobreviver, à propagação das espécies. E ao homem foi dada sua inteligência, uma consciência cognitiva maior. Essa consciência tem um preço e ela impõe uma grande responsabilidade a cada indivíduo. O ser humano está dividido, portanto, entre seu raciocínio mais aprimorado e sua natureza primitiva. Quando o homem transcende sua real, carnal e cruel sobrevivência para aprender e evoluir como indivíduo, está deixando sua genética ancestral de lado e buscando o seu livre-arbítrio. Algo maior, além da sua simplória visão animal, para exercer suas escolhas. Tudo isso graças à sua consciência e inteligência aprimoradas.

Quando evolui moralmente, está deixando seus princípios primários. Uma diferença entre livre-arbítrio e genética é que a genética nos possibilita, muitas vezes, sentimentos primitivos de sobrevivência, também ligados à inteligência de forma atroz, que podem ser cruéis conosco e com os outros seres humanos devido à falta de discernimento, fazendo-nos agir mecanicamente de forma perniciosa. Por outro lado, o livre-arbítrio nos dá a chance de mudar

A REALIDADE, A HUMILDADE E TODOS OS DEMAIS SENTIMENTOS

esses sentimentos pelo desenvolvimento da inteligência e da consciência, aperfeiçoando-nos moralmente, melhorando os efeitos da genética nesse sentido.

Mas e as pessoas que não têm uma "genética destinada ao mal"? Como saber se o bem, a inclinação para fazer coisas benéficas, é genético ou não? Todos nós temos, em maior ou menor intensidade, a inclinação para fazer coisas nocivas, mas, também, para fazer coisas benfazejas. Independentemente da percepção de cada um e do propósito de buscar o autoconhecimento, todos temos que lutar para nos aperfeiçoarmos como indivíduos. O meio e as histórias de vida são agravantes ou atenuantes. Ao contrário do que muitos dizem, as reações químicas não determinam totalmente a nossa vontade. Muitas vezes, somos donos da nossa vontade. Quando isso ocorre, como é perfeitamente possível, as reações químicas nada mais são do que o reflexo da nossa possibilidade de querer mudar. Mudar nossa natureza primitiva e o que essas reações podem causar. Se usarmos a nossa emoção aliada à nossa inteligência, poderemos lograr essa transformação.

O livre-arbítrio é a porta principal que a humildade pode abrir para a nossa evolução. O maior mérito é quando saímos dessa condição primária de sobrevivência e fazemos algo além dos nossos instintos, utilizando nossa inteligência e consciência e o livre-arbítrio, que é nosso dom, para construir uma realidade muito melhor. Embora a inteligência e a consciência nos deem a possibilidade da escolha, estamos ligados aos animais pelas nossas condições mais primárias. No entanto, enquanto os instintos limitam os bichos às suas reações mais primitivas, o homem tem uma condição singular de transcendê-los.

Quando o homem se liga ao seu eu, está mais perto da liberdade, sobretudo do caminho da benevolência, que não lhe deixa muitas alternativas. A complacência é a retidão de caráter. O eu representa o ente consciente; a consciência. Essa consciência faz parte da liberdade individual e nos distancia de sentimentos como a mágoa, o ódio e suas consequências. Quanto mais escolhas ligadas aos sentimentos primitivos de sobrevivência, mais sujeito à genética, ao meio, às histórias de vida e às reações químicas. As escolhas mais esclarecidas são as que sem dúvida mais nos distanciam de toda essa limitação. Por outro lado, quanto mais dependentes formos desse tipo de restrição, mais presos seremos à escuridão do não autoconhecimento. Essa busca do eu nos instiga à lucidez do intelecto e da percepção e nos leva a compreender com clareza como seria a nossa melhor jornada.

A consciência permite que o homem não se submeta tanto à genética. E fique mais aberto ao aprendizado. O aprendizado está ligado ao meio e à história de vida. O fato de aproveitar melhor esses três fatores (genética, meio e história de vida) o faz mais independente em sua consciência e melhor cognitivamente que os animais. São o aprendizado e a percepção que lhe permitem extrapolar esses três fatores. Se a natureza primitiva indica uma estrada, e o homem percorre um caminho diferente, algo o está mudando. O que é? A vontade.

A vontade é um impulso além dessa natureza instintiva de cada homem que lhe possibilita ir além da sua genética, da sua história de vida e do seu meio. A partir da superação de sua realidade mais intrínseca, tudo o que vem com essa superação é livre-arbítrio. O maior exercício da sua vontade, do seu livre-arbítrio ocorre quando o homem muda a sua natureza. Algo que o animal não faz tão profundamente. Ele pode ser o mais bem-treinado possível. Mas não consegue se transformar dessa forma porque suas escolhas não vão além dos seus próprios instintos. Os animais estão presos a esses impulsos interiores. O homem pode se superar com sua consciência, sua inteligência, e com o seu livre-arbítrio pode mudar sua personalidade e comportamentos profundamente, evoluindo por meio das suas decisões. E, com isso, o indivíduo da nossa espécie, felizmente, pode se aperfeiçoar como sujeito. O livre-arbítrio permite, portanto, e inquestionavelmente, a evolução. Evoluir mais do que qualquer outro indivíduo de qualquer espécie na Terra. Coisa que só o meio e a história de vida, sem esse trunfo evolutivo das livres escolhas, não o fariam. Mas o livre-arbítrio pode, também, ser exercido para modificar a natureza humana para o mal. Aí está a grande força das escolhas do homem. Estamos, portanto, exercendo o livre-arbítrio de ambas as formas. Inevitavelmente, a inteligência do homem exerce um papel fundamental no caminho da evolução. O desenvolvimento do conhecimento científico e tecnológico nos surpreende de maneira notável. Por meio, por exemplo, de cirurgias de transplante de órgãos ou na construção de artifícios que nos possibilitem superarmos nossas deficiências. No entanto, a inteligência, também, pode ser usada pelas más escolhas quando são alimentadas por sentimentos mundanos como vingança, ambição e ganância. Implacavelmente, o cerne do caminho para evolução é um só.

Nesse caminho, em que procuramos as melhores escolhas, podemos ver que a vontade e a inteligência humanas podem nos fazer transcender o meio, limitações físicas, genéticas e histórias de vida. A vontade e a inteligência são os melhores instrumentos para transformar, também, o futuro dos homens. A genética humana não é determinante como a dos animais porque o homem, graças à sua capacidade mental, pode mudar o seu caminho mais drasticamente por intermédio das suas opções. O homem, portanto, pode recriar, reinventar, agregar novas visões ao seu conhecimento, coisa que o animal não consegue nessa profundidade, pois perpetua determinados padrões de comportamento por toda sua vida. A inteligência e a vontade humana, portanto, modificam a natureza do homem ao possibilitar exercer suas escolhas de uma forma única. A originalidade e a profundidade próprias do raciocínio humano determinam escolhas que são fruto do livre-arbítrio, ao contrário dos animais, que incidem sempre nos mesmos padrões de raciocínio. Mas, ainda assim, a existência do livre-arbítrio animal é uma dúvida.

Dessa forma, a possibilidade de mudar nossas perspectivas reflete o nosso distanciamento dos outros seres deste planeta, dos outros animais. O homem é capaz de modificar profundamente o meio e a si mesmo como reflexo das suas escolhas; ele é livre, de certa forma, para mudar sua natureza. Graças à originalidade e à capacidade de discernimento humano, a nossa livre escolha, compreendida como livre-arbítrio, está refletida indelevelmente no porvir.

Chama-se *determinismo* a noção de que o comportamento é determinado **unicamente** pela hereditariedade e pelo ambiente. O conceito de determinismo vai contra o defendido por este capítulo e por todo o livro, que é a ideia de uma genuína evolução moral. Se formos prisioneiros da nossa hereditariedade e do ambiente, o que será da verdadeira evolução? Onde estará a maior evolução que seria a moral?

O livre-arbítrio só pode ser entendido em sua essência, e não por demonstração. A nitidez da demonstração se perde na nebulosidade dos fatos, assim como o determinismo. Este nunca vai conseguir explicar satisfatoriamente todos os fatos e os desenlaces do ambiente e da genética. Por isso, a simples compreensão do livre-arbítrio é mais importante que a sua demonstração. Para entender o conceito das livres escolhas, devemos nos prender à raiz do problema, ao que vem antes, aos princípios; antes que se nuble e se obscureça pela diversidade dos fatos.

O que faz o homem possuir livre-arbítrio é justamente a amplitude e a natureza dessas escolhas, é poder não incidir nos mesmos padrões de raciocínio. A maior demonstração disso está na variabilidade e na profundidade do pensamento humano. Assim, se a essência do livre-arbítrio vem antes dos fatos e se o princípio das escolhas é o que move esses fatos, esse conceito, então, torna-se decisivo. Esse princípio é fundamental na compreensão de toda essa questão, de toda essa causalidade. Entretanto, com uma visão própria do ambiente, de tudo e do ser humano, o determinismo explica sempre algo que já existiu ou que está acontecendo. Essa corrente de pensamento tenta entender o processo de formação das causas de uma forma equivocada, pois se baseia mais propriamente nas consequências. E analisa esses fatos por meio de interpretações que tentam investigar os resultados sem entender a grande mecânica de causa e efeito, explicada pelo livre-arbítrio. Portanto, por tudo citado, o determinismo não se antecipa a essas questões da forma como se pensa. Esse conceito não apreende totalmente o processo porque não analisa, não busca compreender, o "mecanismo primeiro". Por isso, o conceito de determinismo engessa as análises, a mente e as escolhas humanas por "trancar" o homem em uma prisão sem escapatória.

A REALIDADE, A HUMILDADE E TODOS OS DEMAIS SENTIMENTOS

Como podemos deduzir algo se não entendemos os princípios que regem o objeto de estudo? Como podemos entender de fato o que movimenta tudo, correndo depois do tiro de partida na compreensão da causalidade? Assim funciona o determinismo. A diferença mais importante entre essas duas correntes é justamente a concepção dos inícios das ações primeiras e o entendimento da natureza das causas, o que faz toda a diferença nas análises das circunstâncias. Quando compreendemos a mecânica de causa e efeito, assimilamos de forma mais abrangente as circunstâncias, e o nosso entendimento passa a ser muito mais ilimitado. A abertura para a compreensão do livre-arbítrio aumenta a capacidade de discernimento e dá forma aos sentimentos como humildade, benevolência, que podem ser potencializados pela vontade, fator fundamental nessa corrente de pensamento. Pelo fato de o livre-arbítrio, nesse tiro de partida, sair na frente por tentar compreender todo o princípio da causalidade, otimiza, inevitavelmente, a percepção sensorial e possibilita uma visão mais translúcida. A concepção e o conhecimento iluminam nossa visão para enxergarmos melhor as circunstâncias, por meio das nossas mais diversas percepções, e delinearmos com mais propriedade todo esse processo de causa e efeito, trazendo mais clareza ao que nos circunda para uma consciência muito mais profunda e regeneradora.

A saída desse impasse, levantada em todo o capítulo, está no raciocínio norteado pelos valores morais. É o que nos liberta de sermos simples animais apesar da nossa hereditariedade e do nosso ambiente. Os valores morais são a estrada para a nossa liberdade, a liberdade do homem. Temos que mudar nossa natureza sempre, de forma a uma melhor adaptação à Realidade, e não sermos presos, então, ao que nos é "determinado".

Infelizmente, por mal utilizarmos nossas escolhas, nós nos acomodamos e atribuímos a responsabilidade de nossas vidas a fatores como a genética, o mau desenrolar de nossas existências e o meio em que vivemos. Muitas vezes, temos um real motivo de nos sentirmos desamparados: mas outras, não. Aprisionamo-nos em nossas próprias angústias. É mais cômodo colocar o peso de nossos fracassos em outros insucessos, outras pessoas... De uma forma muito sutil, mas sem ter essa intenção, a ciência, ao retratar que somos produtos do meio e ao dizer que o livre-arbítrio não existe, que somos consequências de reações químicas, nos induz a atribuir a responsabilidade de nossos maus resultados à vida, e não assumirmos as reais rédeas de nossos caminhos. Quando alguém tenta provar a verdadeira existência do livre-arbítrio, passa para o ser humano a grande responsabilidade de resolver a sua própria vida. Se a nossa força de vontade é fruto do nosso empenho, e não apenas de reações químicas, então não podemos ser omissos na luta pela nossa existência. Acima do meio, existe a nossa vontade. Acima do problema, existe a luta que depende de nós para resolvê-lo. Como disse anteriormente, a inteligência do homem ultrapassa suas próprias limitações transformando-o de formas inesperadas. Viabiliza ao ser humano superar-se de formas surpreendentes. E a vontade é a força motriz que faz a inteligência, como qualquer outra coisa, surpreender a todos. Inclusive a nós mesmos. Só existe uma maneira de vencer: lutar. Se a falta do livre-arbítrio, de uma certa forma, tira isso de nós, então perdemos. Não podemos perder a coisa mais importante de nossas vidas, que é a possibilidade imensurável de mudar a nossa realidade.

17

COMO VENCI A DOR E O MEDO

Neste capítulo, explico como venci a dor e o medo, algo fundamental para a superação e o bem-estar, para conseguir a minha felicidade. O nome ideal deste capítulo seria "Como venci a dor e o medo e como tento vencê-los até hoje". Mas acho que um nome mais sucinto teria um apelo mais significativo, seria algo de mais fácil e rápida compreensão. E o que citarei aqui, com muito cuidado, foi muito importante, útil e gerou grandes resultados na superação da minha dor e do meu medo. Na cura dos sintomas de dois transtornos mentais: Transtorno Obsessivo-Compulsivo e Fobia Social. Aliado, também, a um bom tratamento psiquiátrico e psicológico, sendo muito importante que se diga isso. O que não significa dizer que o que será citado será útil a todos, em todos os problemas, em todas as situações, com todos os transtornos mentais. Mas que foi fundamental para mim e espero que ajude a muitas pessoas. Todo esse processo relatado neste capítulo foi lento e não se resolveu rapidamente e, por isso, paciência e persistência são muito importantes.

TRANSTORNO OBSESSIVO-COMPULSIVO

A primeira luz que tive para vencer o Transtorno Obsessivo--Compulsivo, graças aos meus conhecimentos de análise do comportamento, foi a de que essa vertente da psicologia não trabalha com o interior da mente. Essa corrente trabalha mais com comportamentos. Pensamentos não são algo tão palpável. Comportamentos podem se observar, se analisar, se mensurar melhor. Mas eu, em relação aos psicólogos, dispunha da vantagem de aplicar esses conhecimentos diretamente à minha psiquê. Tinha estudado apenas até o 2º semestre incompleto do curso de psicologia, mas esses conhecimentos me foram muito úteis. Baseado nisso, comecei a estudar a minha própria mente. Fui a minha própria cobaia. Iniciei, então, a listar os pensamentos que tinha, classificá-los e estudá-los. Cheguei a três conclusões básicas e muito importantes que, inicialmente, ajudaram a neutralizar o Transtorno Obsessivo-Compulsivo.

1ª Conclusão: existiam em mim dois tipos nocivos de pensamentos: os intrusivos não autodestrutivos, que eram os que me tiravam a concentração, mas não tinham o cunho devastador. Apenas me tiravam a atenção do foco. E os intrusivos autodestrutivos. Esses queriam de todas as formas me arruinar. Foquei minha pesquisa, então, no segundo tipo de pensamento porque eram os mais graves, preocupantes e que me traziam, sem dúvida, o maior sofrimento.

2ª Conclusão: os pensamentos intrusivos autodestrutivos são pensamentos que querem destruir aquilo em que acredito. De bom e de ruim, provavelmente para minar o meu psicológico. Logo, não devo e não posso acreditar neles. **Se não acreditar neles, perdem seu valor. Não vale a pena jamais acreditar em pensamentos tão mal-intencionados cujo fundamento de cunho destruidor já diz tudo: nos corromper apenas.**

3ª Conclusão: a mais importante. Os pensamentos obsessivos autodestrutivos aconteciam pela questão de não aceitar a mim mesmo, ao outro, ao meio e à minha dor. Ou seja, o que me foi primordial para neutralizar o Transtorno Obsessivo-Compulsivo foi a aceitação. E o maior pilar e alimento para a aceitação é a humildade, essencial para um processo de paz psicológica.

Todas essas três constatações foram de fundamental importância para vencer o Transtorno Obsessivo-Compulsivo porque foram uma espécie de antídoto mental para o mecanismo autodestrutivo dessa doença. Para neutralizá-la, levei alguns anos, me baseando nesses três princípios. E aplicando-os sempre que tivesse algum pensamento intrusivo. Mais uma vez, a persistência e a paciência são a alma para vencer esse problema.

Levando em consideração tudo que foi dito anteriormente neste capítulo, para termos um olhar sensato diante de uma tempestade que parece não ter fim, no caso do meu problema já relatado, temos que ter um grande equilíbrio emocional. Para caminharmos por outras veredas, temos que ser sensatos. Temos que ter, também, concentração. A seguir citarei fatores essenciais para a vitória sobre o medo, sobre o desequilíbrio emocional, sobre a falta de concentração e que são de grande ajuda contra transtornos mentais; os itens citados a seguir, que constatei empiricamente, foram muito úteis para mim:

1. Humildade — Para evoluir. A principal forma de evolução é reconhecer e sanar os nossos erros. Só há real evolução se tivermos humildade para progredir e não acharmos que já estamos totalmente prontos. Se estamos totalmente prontos, não precisamos melhorar. E isso é uma mentira que contamos para nós mesmos. Como este livro coloca no seu decorrer por meio de argumentações, o homem não capta nada perto da total magnitude da Realidade. Portanto, é genuíno da natureza humana a evolução. A ideia de que sabe tudo ou muito, em relação a esse tudo, é reflexo da sua ignorância e limitação perceptiva e conceptiva das coisas, do todo em geral e de si mesmo.

2. Aceitação — Aceitar os fatos. Aceitar não conseguirmos nos concentrar, nossa impotência, nossas limitações; isso vai deixar-nos mais tranquilos para ter iniciativas e estímulos para tentar de novo até conseguir, não nos abatendo tanto. Aceitar os nossos erros, se o que fizermos não der certo. Isso vai nos dar mais tranquilidade para nos superarmos e vencermos nossos obstáculos. Não se julgar desfavorável e de forma nociva em relação a si mesmo é algo essencial para vencer a falta de concentração e o Transtorno Obsessivo-Compulsivo! A humildade e a aceitação foram fundamentais na minha vitória contra essa doença. Foram os fatores mais determinantes para essa vitória.

3. Perdão ao outro e o autoperdão — Perdoarmo-nos pelos fracassos e por não conseguirmos nos concentrar. E perdoar o outro por nos atrapalhar, por nos prejudicar; assim estaremos mais aptos a conseguir sem culpas nos perdoar e aceitar cada erro nosso, pequeno ou grande. E seguir em frente tornando-nos mais fortes, não desistindo. Sem deixar que a culpa nos diminua.

4. Concentração — Pensamento só sobre o essencial. Focar o pensamento como se fosse uma linha tênue constante de concentração, sem oscilar muito *para nenhum dos lados, ou para a frente ou para trás, ou para cima ou para baixo*. Manter-se sempre concentrado, como em uma linha reta. Como o equilibrista em cima de uma corda bamba. É claro que isso tudo é uma ilustração, uma metáfora. Se pensarmos muito, de forma descontrolada em um único ponto, ficaremos nervosos, se pensarmos a respeito de outros assuntos, nós nos distrairemos. A melhor forma para nos concentrarmos é pensar só o essencial no objeto da nossa concentração. Nada a mais, nada a menos. Deixar a cabeça leve e tranquila. Limpa. Relaxar muito, também, todo o corpo. Não pensar em nada mais, só naquilo que é exclusivamente objeto do nosso isolamento mental.

5. Tranquilidade — É reflexo de tudo mencionado anteriormente. Mas se o sentimento constrói o pensamento e a ação, melhor explicado no capítulo 18 — "Conclusão", a tranquilidade talvez seja o início de todo esse processo por ser um sentimento. Não conseguimos aceitar e perdoar se não estamos aptos a isso. Se não temos tranquilidade moral. A nossa tranquilidade tem reflexo direto na linha tênue ilustrada no item Concentração. Temos que estar equilibrados sempre, se quisermos ter um domínio maior das situações. Até para ficarmos nervosos, temos que ter algum equilíbrio, caso contrário, perderemos totalmente o controle. Se ficarmos nervosos sem o domínio de nós

mesmos, mesmo se precisarmos permanecer assim por um nobre motivo, perderemos a concentração e perderemos, também, o controle para resolvermos os problemas por estarmos sob pressão. A concentração tem uma ligação direta com o autodomínio e com a tranquilidade.

6. Autoconfiança e programação positiva — Ser otimista e lutar para ter força mental que ajude nas vitórias. Usar frases de incentivo como: *Vou vencer! Vou conseguir! Tenho capacidade!* Tentar manter a mente sempre forte, otimista e autoconfiante. Só quem vence grandes desafios tem essa força mental que lhe possibilita se superar de forma contundente e constante. A autoconfiança vem, principalmente, da humildade.

Uma consequência do bom equilíbrio emocional está em uma eficiente concentração, na capacidade de filtrar e dominar as emoções. Por intermédio da concentração, obtemos melhores desempenhos e resultados — superação — principalmente quando é inevitável agir sob pressão, diante da alta complexidade dos fatos. Não há como se concentrar plenamente com força bruta, nem vencer uma grande dor moral. São lutas que são vencidas com maleabilidade, paciência e, muitas vezes, sutileza.

Quando vamos fazer algo complexo que exige muita concentração, como um treinamento em um instrumento musical, por exemplo, se pensarmos demais, ficaremos nervosos, se pensarmos de menos no que estamos fazendo, não conseguiremos efetuar a ação porque ficaremos distraídos. Mas se raciocinarmos na quantidade e forma certas, com foco, obteremos a concentração necessária para tentar executar do jeito que imaginamos. Deixar fluir naturalmente o que queremos fazer. Em uma situação desconfortável grave ou não, o equilíbrio vem da serenidade na tentativa de controle da situação para tomar as melhores atitudes; se pensarmos da maneira e na quantidade certas.

Para manter a concentração sempre melhor, devo pensar sempre no agora e depois no próximo passo. E não dar tanta importância ao que já passou. Olhar sempre adiante, não se abater. A concentração somente no agora e no que estar por vir é o que fará a diferença na atenção em uma sequência ininterrupta de fatos.

Tento ter um bom controle da concentração porque me baseio em seis pilares: humildade; aceitação; perdão e autoperdão; pensamento só sobre o essencial; tranquilidade; e autoconfiança e programação positiva. Para eu conseguir me concentrar, tenho que ter uma humildade e um autoconhecimento para saber quando falta cada item citado em cada momento específico e trabalhá-lo naquele instante. Se em um momento da concentração para assistir a um filme, por exemplo, fico estressado para me concentrar e não aceito perder nenhum momento importante, deverei aceitar esse estresse e a falta de concentração que poderei ter. Assistindo e me concentrando melhor, portanto. Aceitando as minhas limitações. Se me desconcentrei em uma parte desse filme e me culpo por isso, não me culparei mais, seguindo adiante. Se estou pensando demais graças ao nervosismo, tentarei pensar menos, me concentrando melhor. Se estou nervoso, tentarei ficar mais calmo para não prejudicar todo o processo. E assim por diante. É como uma balança de seis braços. É necessário que estejam todos bem-equilibrados. Depois, se esse trabalho de equilíbrio, concentração e luta contra o medo forem bem-feitos e consolidados, a mente não precisa mais conscientemente se preocupar tanto. O inconsciente faz naturalmente o seu trabalho. Portanto, a concentração precisa fundamentalmente de equilíbrio, consciência e adaptação inconsciente.

Cessar pensamentos em excesso ajuda a aliviar sintomas de transtornos mentais. A humildade, a aceitação, o perdão e o autoperdão, pensar aliviadamente e ter serenidade ajudam a reduzir os sintomas de transtornos como o Transtorno Obsessivo-Compulsivo, Fobia Social, Transtorno Bipolar. Pensamentos alicerçados principalmente pela humildade e aceitação reduzem: a obsessão (por motivos óbvios), a compulsão, sintomas de outros problemas e o medo. Digo isso por mim mesmo, minhas próprias experiências. Os pensamentos mal-direcionados são um alimento para os transtornos mentais. E como parar de pensar? — Sentindo-se bem. Os sentimentos constroem os pensamentos que constroem as ações. E como se sentir bem? — Cultivando benéficos sentimentos como autoaceitação, tranquilidade. E mantendo um distanciamento emocional (não precisa ser físico) dos nossos problemas psicológicos para termos serenidade. Pensando pouco e controladamente.

Com tudo até agora relatado, amplia-se a visão de uma nova percepção, de uma nova forma de enxergar os problemas, tentar entendê-los de forma eficiente, comprometida, porque jamais conseguiríamos resolvê-los se enxergássemos da mesma forma que antes, com os mesmos vícios, com a mesma concepção. O conhecimento de toda a questão muda invariavelmente. O homem não pode querer que as coisas mudem sem mudar a si próprio. A nossa visão tem que estar compatível com a Realidade. Interpretando a Realidade de forma concreta, concretas tendem a ser as nossas soluções.

Assim, com uma boa concentração, podemos, fatalmente, ser pessoas mais úteis e felizes por não sermos mais limitados como antes. Mais realizados por conseguirmos vencer algo tão difícil que é a falta de equilíbrio, o medo, gerados e avolumados pela falta de concentração, e superá-la de fato, porque ninguém sabe, e nem poderia saber, o que se passa em nossas cabeças. Como, muitas vezes, buscar ajuda, se não podemos mostrar para os outros o que não podem ver: o interior da nossa mente? Não é como ensinar a escrever, porque vemos a palavra que não foi bem-escrita. Mas, mesmo assim, não vemos o que está no interior da mente de quem a escreveu. Só conseguimos ver o erro e suas consequências, mas não o que está dentro da psiquê de quem o faz e o sofrimento da pessoa de não poder reverter o efeito do equívoco.

Para um melhor equilíbrio emocional, devemos levar em conta importantes fatores que ajudam a ter esse controle. Baseado nas minhas experiências e na interpretação dos meus próprios pensamentos, aqui estão alguns passos que me ajudaram a ter o controle em meio aos transtornos mentais:

1. Não lutar agressivamente contra os transtornos. Não se revoltar, ter ódio, ou raiva da situação. Não tentar "domar", ter o domínio dos problemas mentais na "marra" intros-

pectivamente. Quanto mais agressividade interna, mais incontrolável fica o transtorno.

2. Automatizar os bons sentimentos. Só os bons sentimentos guiam nossos pensamentos, atitudes e comportamentos, ajudando os transtornos a serem mais bem controlados. Não há outra forma. Os bons sentimentos são o maior guia para uma paz maior contra os problemas mentais. Os nocivos sentimentos são, muitas vezes, uma espécie de revolta contra os problemas mentais e a vida de uma maneira geral. A não luta agressiva contra os transtornos no aspecto psicológico e as boas emoções com relação a eles são o melhor mecanismo para neutralizar algo que só é vencido com complacência. Não se vence um transtorno mental com agressividade. A agressividade se volta contra o portador do problema, tornando-se um conflito ainda maior.

O maior exemplo de que as melhores resoluções das coisas são feitas com mansuetude e sensatez são os problemas mentais. E deles não há como escapar, não há como fugir, é algo que está em nossas mentes. Ou nos modificamos, ou teremos uma vida de extremo sofrimento.

Baseado no sofrimento que os transtornos mentais fatalmente nos impõem, devemos tentar usar o equilíbrio sempre para sermos mais felizes. Uma grande forma de usar a sensatez para se alcançar a felicidade e a paz de espírito é não criar expectativas sobre o outro, sobre nada. E a expectativa para nós mesmos — de quem está passando por um problema atroz — deve ser sensata e adaptável ao problema. Se criamos sensatas expectativas, temos mais paz de espírito e, consequentemente, mais possibilidades de felicidade. A felicidade, inevitavelmente, independe de grandes expectativas.

Uma forma de vencer os problemas, inclusive os transtornos mentais, e ser mais feliz é não julgar o semelhante. Sem, portanto, gerar expectativas sobre ele. Não lutar psicologicamente contra a natureza do ser humano. Não se ligar psicologicamente às pessoas que nos afetam perigosamente. Não podemos mudar o outro. A

A REALIDADE, A HUMILDADE E TODOS OS DEMAIS SENTIMENTOS

mudança não está em nossas mãos. Podemos ajudá-lo apenas. A melhor forma de não se decepcionar com algumas pessoas a ponto de não prejudicar nossas vidas e, também, não ter medo delas é não se deixar envolver psicologicamente. Erramos quando queremos que o ser humano mude. O mundo muda muito devagar como o ser humano em geral. Temos que aceitar a dor, portanto, mas tentar vencê-la de uma outra forma: agigantando-nos, compreendendo-a assim como podemos tentar fazer com o ser humano. E não ver o ambiente, inclusive pessoas, como ameaças por meio de pensamentos e sentimentos de não aceitação, culpa e medo. Não ser acometido por pensamentos que acabam com a tranquilidade e não ter sentimentos que aumentem essa intranquilidade. Um dos segredos da felicidade e da luta contra transtornos mentais é não criar expectativas.

Não lutar contra, não tentar adquirir resistência de forma rude contra a dor, a angústia, o medo, a ansiedade, o ódio, o rancor, a agressividade. A dor acaba ou diminui quando não lutamos contra ela dessa forma. A força mental está na mansuetude, e não na brutalidade estúpida ou no inconformismo desenfreado. A mansuetude deve ser a alavanca para lutarmos contra a dor. E não para arrancar esse sentimento de sofrimento de nós. Aprender com esse sofrimento, ele mesmo impulsiona a vencê-lo por intermédio do autoconhecimento, deixando o ser humano mais forte. Tornando mais difícil as raízes dessas e de outras dores se fixarem em nossas mentes e ainda mais pujantes. Estudar o nosso sofrimento, tanto por meio do nosso aprendizado impulsionado e alicerçado pela nossa introspecção quanto pelo conhecimento científico e filosófico. Lutar coordenadamente.

Quando queremos esquecer algo ou alguém por quem guardamos rancor, não devemos lutar contra o ódio que temos por essa pessoa. O esquecimento do ódio vem da não luta contra ele, abrandando-o. Da mesma forma, ocorre com os transtornos mentais.

O bem não é alicerçado no egoísmo, no orgulho, na inveja. Para superarmos a dor, não podemos ser egoístas, orgulhosos ou invejosos. A aceitação não vem desses sentimentos. E a humildade é mais do que fundamental para vencermos o sofrimento e, consequentemente, sermos mais felizes. Por isso, a dor é uma das grandes portas de entrada para o bem, porque é uma excelente forma de mudança de atitude e aprendizado para o ser humano se tornar melhor, assim como a humildade.

Uma das intenções deste livro é automatizar, tentar deixar "fáceis" na personalidade de cada um os bons sentimentos engendrados em uma boa causalidade. Devemos, portanto, não lutar agressivamente contra sentimentos que possam nos destruir. Aprender com esses sentimentos. Aproveitar a oportunidade de construir uma relação de causa e efeito que tornará nossas vidas muito melhores. Lutar para a construção da nossa personalidade baseada em uma visão de vida que valha a pena — uma forte edificação, uma concepção mais esclarecedora em relação aos sentimentos. Reduzindo severamente a dor e o medo, por intermédio da real melhora da aceitação e da culpa, aumentando a força mental. Devemos automatizar, também, a luta contra as contingências que nos são impostas. Devido às consequências da causalidade que existe em nossa realidade, jamais poderíamos ser indiferentes às circunstâncias e fatos que nos cercam. Não poderíamos ser indiferentes, também, aos desafios que essas circunstâncias nos fazem vencer tão arduamente. Temos que tentar, então, reverter todo e qualquer percalço a nosso favor. Como um importante aliado, uma implacável força, na nossa luta por sobrevivência e evolução.

FOBIA SOCIAL

Minha última luta, o último percalço que tentei reverter para vencer todos esses graves problemas e sobreviver foi a fobia. A minha Fobia Social era tão grave que a simples ida a ambientes sociais simplesmente agravava o meu quadro. Eu tive que desenvolver mecanismos mentais e desarmar armadilhas psíquicas para superar esse grave problema como fiz com o Transtorno Obsessivo-Compulsivo. Foi a única forma que encontrei para vencer essa

A REALIDADE, A HUMILDADE E TODOS OS DEMAIS SENTIMENTOS

grande agonia interna. O raciocínio que me ajudou a vencer a Fobia Social consiste em 22 etapas que foram muito importantes e que não necessariamente aconteceram nesta ordem especificamente:

1. O principal é lutar contra o medo. Descrito neste capítulo.

2. Tranquilidade sempre acima de tudo.

3. Levar todo esse processo da luta contra o medo ludicamente para tirar o peso de algo tenso por natureza. Levar tudo isso na esportiva, com muito senso de humor.

4. Encarar o medo e o erro de peito aberto. Não alimentar o medo! Alimentá-lo vai me fazer errar. Não pensar neles. O medo e o erro têm uma ligação intrínseca. Tentar corrigir todo erro com serenidade, portanto.

5. Não me culpar pela opinião insatisfatória, perniciosa das pessoas mal-intencionadas e ingratas em uma multidão.

6. Não me ligar emocionalmente às pessoas, ou a uma pessoa em uma multidão, de modo a me desestabilizar emocionalmente.

7. Separar da dor, do medo ou de qualquer sentimento que me prejudique, a questão psicológica e os sentimentos que resolverão o problema, tentando neutralizar esses obstáculos. E assim raciocinar melhor para resolver a questão de modo mais equilibrado.

8. Não querer demonstrar, em hipótese alguma, que estou curado da Fobia Social nem para mim mesmo, nem para os outros perante uma multidão. Não querer demonstrar forçosamente que estou sem os sintomas. Devo agir naturalmente. Se quiser demonstrar de maneira inabalável que estou curado, serei imprudente e os sintomas podem aumentar severamente.

9. Não colocar pressão em mim mesmo para conseguir vencer a fobia. Não ficar tenso. Deixar as coisas fluírem naturalmente.

10. Conhecer a mim mesmo, respeitando meus próprios limites, porque se eu os forçar muito, os sintomas da Fobia Social vão aparecer. Saber quando estou tranquilo para fazer isso ou aquilo dentro de um ambiente público. Saber administrar os momentos em que devo ser mais expansivo ou mais comedido. Conhecer-me, observar e compreender melhor os meus sentimentos, pensamentos e ações dentro de um ambiente social em cada caso.

11. Para não focar os sintomas e nem a fobia, distrair a minha mente com outras coisas, como o que está acontecendo de bom na minha vida, as pessoas que estão passando, a paisagem do local e o que conseguir para não ficar tenso. Transformar a ida a lugares sociais em algo prazeroso.

12. Positivismo e otimismo. Descritos neste capítulo.

13. Autoconfiança. Descrita, também, neste capítulo.

14. Sentir-me feliz em um ambiente social.

15. Esquecer que estou sob um perigo iminente de ser ridicularizado.

16. Não encarar ambientes públicos como uma ameaça. Não me perceber ameaçado é uma coisa de sentimento. E o sentimento precisa ser desenvolvido. Esse desenvolvimento se dá por intermédio de experiências. Com o sentimento de coragem e a vontade de mudar, as experiências me ajudam. Mas isso leva tempo. A intenção é descaracterizar psicologicamente a ameaça dentro da mente. É separar uma ilusão ameaçadora e cruel do que é a realidade lúcida, palpável, concreta e libertadora.

17. Nos momentos mais difíceis, como utilizar as mãos, por exemplo, não pensar em mais nada, deixar todos os movimentos no automático. Tranquilamente. Nunca pensar na fobia para executá-los.

A REALIDADE, A HUMILDADE E TODOS OS DEMAIS SENTIMENTOS

18. A persistência é a essência de toda essa luta. Tentar sempre, de novo e de novo. Encarar a próxima tentativa como não sendo a última. Estamos em constante processo de aprimoramento. E a persistência é fundamental para se chegar ao sucesso contra a Fobia Social. A perseverança nos trará a tranquilidade para vencermos porque não enxergaremos a próxima tentativa como a final. Haverá sempre uma próxima vez para fazermos melhor até que o objetivo seja alcançado.

19. Não me abalar quando deixar transparecer para os outros e para mim mesmo os sintomas da doença. Isso vai gerar muito mais tranquilidade e autoconfiança para vencer esse problema.

20. Não estressar e não fazer pressão psicológica nos membros como mãos e braços para não os tremer e conseguir utilizá-los da melhor forma. Se estressá-los, irão tremer. Se relaxá-los, possivelmente pararão de desenvolver esses sintomas. Relaxar a minha mente e o meu corpo intensamente.

21. Não me preocupar com a opinião dos outros nocivamente. Isso quer dizer não me lembrar que ela existe na grande parte do tempo e não me abalar decisivamente com ela nos outros momentos.

22. Ao não tentar demonstrar minha cura de forma forçada e levando também em conta todos os fatores citados anteriormente, procurar, de forma não traumática, mas persistente, esquecer a Fobia Social. Esquecendo-a, desligo-me do problema e, por consequência, não mais terei os sintomas. Essa etapa é a última de todo o processo. Não há como fazê-la, pelo menos no meu caso, se todas as etapas anteriores não estiverem muito bem-consolidadas.*

*Esse fator assinalado foi o mais importante para mim.

Levando em consideração tudo citado anteriormente, pude me desligar do problema, do nervosismo e do medo, que me tiravam a lucidez e prejudicavam a resolução de qualquer adversidade. Por isso, é fundamental haver uma nítida separação entre o problema a ser resolvido e o medo tão danoso, de forma que interfira o mínimo possível na concentração, que é imprescindível. E a melhor forma é o desligamento, deixando o sentimento e os pensamentos independentes da problemática da questão.

Para esquecer a Fobia Social, precisei aprender a me distrair com o ambiente, com as pessoas. Para mim, o medo do público era muito grande, mas não o maior, o mais ligado à essência do problema. O meu maior medo era o de não corresponder às minhas expectativas e, infelizmente, demonstrar os sintomas da Fobia Social principalmente para mim mesmo: *Não posso fazer pressão para mim mesmo para não demonstrar a doença. Não posso e não devo querer me provar a todo custo que estou curado. As coisas devem fluir.* Pensando dessa forma, os sintomas da doença começaram a ficar mais bem-controlados. Se não ficar tranquilo, isso tudo pode virar uma questão obsessiva e uma grande pressão aumentando o problema gravemente. O medo provocado pela Fobia Social em mim não estava no público primordialmente, e sim em decepcionar a mim mesmo. O que mostra que, para me sentir realmente bem, tenho que ser quem sou. Ter um comportamento lúcido, longe da fobia. A essência na vitória contra a Fobia Social é sermos o que somos e não nos influenciarmos pelas pessoas ao nosso redor de forma nociva. Sermos a nossa essência apesar do meio é nos preocuparmos primeiramente com nós mesmos. Se cultivarmos o bem a nós mesmos e ao nosso redor, essa será a nossa principal defesa contra as mazelas que são geradas pela relação de causa e efeito psicológica a partir de algo devastador e que poderão nos destruir. Essas mazelas podem se manifestar de forma ainda mais atroz se tivermos um problema como a Fobia Social.

Algo fundamental na luta contra o medo fóbico é a autoconfiança. A verdadeira autoconfiança está em não querer apenas demonstrar psicologicamente para si mesmo sua força. E sim senti-la

A REALIDADE, A HUMILDADE E TODOS OS DEMAIS SENTIMENTOS

realmente. Deve-se focar em ser otimista e ter muita tranquilidade. A autoconfiança tem o mesmo princípio da vitória sobre a Fobia Social: não querer demonstrar psicologicamente essa força, porque, se assim o fizer, desviará para si mesmo a concentração que deveria estar na resolução da adversidade, ficando alheio ao problema. O indivíduo se perderá em uma ilusão de uma falsa convicção. Baseado nesse raciocínio, devemos ser humildes também para reconhecermos nossas fraquezas e termos autoconhecimento. Pois a força da autoconfiança e da humildade vem da sinceridade com nós mesmos. A força, a verdadeira força dessa confiança interior, é a humildade que ajuda a solidificar toda e qualquer luta contra males que deixam alicerces em ruínas e grandes tormentas aparentemente intermináveis.

E a autoconfiança nos faz preocuparmo-nos apenas com o que deve ser levado em conta. Ter um centro de atenção sólido nas atitudes. Essa concentração é dada pela segurança na forma de enxergar a vida. Por isso, a verdadeira autoconfiança não nos deixa, na maioria das vezes, perder tempo, porque isso é uma atitude típica da insegurança — esse sentimento que, muitas vezes, nos leva a ter atitudes baseadas em um grande medo que nos distancia do verdadeiro caminho a ser percorrido. A verdadeira autoconfiança e a segurança são sentimentos que andam de mãos dadas, portanto. Tornam-nos práticos, objetivos. A segurança nos faz ter lucidez. A real autoconfiança pode ser entendida como sentimento que possibilita uma grande paz pela segurança que proporciona, e ambas contribuem para o fim da Fobia Social.

O fato de não dar tanta importância às pessoas em locais públicos é também um dos últimos estágios pelos quais passei para vencer essa doença. Não me importar com a opinião dos outros é uma das maiores bases e uma das questões principais para vencer essa enfermidade. O principal é não decepcionar a mim mesmo. Não posso me importar com o ser humano nesse sentido. No sentido de não terem tanta importância as agressões que possam acontecer. Isso significa aprender a não dar, para muitos, excessiva relevância, já que, na maioria das vezes, agressões têm a finalidade de nos prejudicar e, por isso, não devem ser levadas tão a sério. Se nos sentirmos superiores e reagirmos com tranquilidade a essas agressões, não terão o efeito devastador que poderiam ter. Em suma, o grande ponto é não alimentar o medo que a agressividade do outro pode nos proporcionar. Esse medo pode ser desesperador. Não me ligando ao ser humano de maneira intimidadora, não alimento o medo. Tentei explicar isso passo a passo neste capítulo e durante todo o livro.

Não alimentando o medo, melhorei significativamente a concentração em tudo. Assim também foi com a Fobia Social. Comecei a focar as minhas atitudes, e não esse temor, muitas vezes, incontrolável. Aprendi a não desviar o pensamento com o pavor, porque quanto menos nos ligarmos ao medo, maior tenderá a ser a nossa lucidez para melhorarmos a nossa real percepção de tudo. Maior será a nossa alforria, a nossa "alforria psicológica e social".

Descaracterizar o perigo. Um olhar torto, um riso irônico ou uma humilhação verbal do tamanho que seja não são, ou pelo menos não deveriam ser, um perigo. E sim uma maneira de melhor compreender o ser humano e aprender com ele o necessário para nos salvaguardar melhor. Uma grande oportunidade para sermos pessoas mais fortes. A questão é como encaramos os fatos, e qual a nossa postura diante deles. Descaracterizar o perigo, portanto. Assim, ele vira aprendizado. Se não virmos grande perigo no ser humano, não nos preocuparemos tanto com as consequências dos seus atos, e nos libertaremos do medo. Se o homem não vê ameaças, ofensas e agressões verbais de toda ordem como um perigo, não tem motivos para se abalar emocionalmente. Ressignificar o perigo. Não dar demasiada ou diminuta importância ao ser humano do seu lado desconhecido ou ameaçador para você em um ambiente público. Pensando em coisas do gênero: É só um homem. Ou então: É só uma mulher. Descaracterizar a ameaça, portanto. Quando não vemos o ser humano como uma ameaça, agimos tranquila e naturalmente.

Seres humanos não são superiores a você, a mim. São apenas seres humanos. A opinião deles sobre tudo e sobre você não pode ser superior à sua própria. As pessoas desconhecidas ou indesejáveis em um ambiente não são superiores a você. São apenas seres humanos. O medo fóbico nos traz o sentimento de inferioridade em

A REALIDADE, A HUMILDADE E TODOS OS DEMAIS SENTIMENTOS

relação aos outros inevitavelmente. Quando alguém se sente igual às outras pessoas, não há motivos para um medo fóbico e, portanto, para um sentimento de inferioridade. E não há mais motivos para a Fobia Social.

No ambiente social, quase que todas as pessoas, em um número que chega muito perto da totalidade absoluta delas, só querem se divertir. Não estão preocupadas em denegrir as outras por causa das punições que podem vir a sofrer e também porque não é o interesse principal delas. Devemos separar o que é ilusão do que é realidade.

O medo se vai no momento em que se desconstrói o perigo, o erro e o fracasso social. Isso requer desconstruir sua forma de enxergar o mundo e a si próprio. Só assim nós mudamos o nosso ponto de vista e olhamos, de um ângulo diferente, o mesmo problema para enxergarmos a nós mesmos melhor e mais lucidamente. Quando mudamos o ângulo de visão com relação a nós mesmos de forma mais sensata e sóbria, estamos evoluindo e mudando, também, quem somos. É a melhor forma de vencer o nosso erro e o nosso fracasso social inevitavelmente. É a melhor forma de vencer a Fobia Social ou qualquer outro transtorno mental. Quando o medo deixa de ser assustadoramente irracional e paralisante, a ideia do perigo deixa de ser algo contínuo e sua ausência interrompe o processo de destruição da paz e dá início à construção da felicidade.

Cada vez que penso na fobia, ela volta. Os sintomas reaparecem, então. Depois de consolidados todos os conhecimentos anteriores do livro e os deste capítulo em minha mente, a melhor forma que encontrei foi "driblar", "esquecer", pensar em outras coisas, porque quando me recordo dela, trago-a à minha realidade. E não consigo ter a clareza de ideias para fazer o que eu quero. Então, deixo os pensamentos fóbicos "de lado" em minha psiquê como forma de não pensar na fobia. Jogo-os para "os cantos" da minha mente e permaneço atento para que não voltem. Priorizo os pensamentos que fazem bem em um ambiente social. Deixo-os no "centro" do meu raciocínio. Tudo isso eu só consigo fazer com muita tranquilidade. Se a minha mente está transtornada, embaralham-se os pensamentos e não consigo ter a sensibilidade e percepção necessárias, não consigo trilhar o melhor caminho.

Como todos os conhecimentos deste capítulo estão consolidados no meu aprendizado e em mim, esqueço a fobia e o inconsciente faz o resto. Pois foi o que aconteceu comigo. O próprio inconsciente ajusta esses conhecimentos sem eu ter a consciência plena de tudo que acontece no interior da minha mente deixando a doença sob controle. Eu não preciso mais pensar na Fobia Social. A vitória sobre o medo se consolida lentamente quando vou esquecendo esse medo fóbico. Tenho que deixar o não pensar na Fobia Social algo automático. Automatizar o esquecimento dessa doença para o processo fluir naturalmente.

O que, com muita dificuldade, consegui desenvolver para afastar da mente a fobia funcionou como um antídoto para todo esse problema. Mais um antídoto mental além do que foi desenvolvido contra o Transtorno Obsessivo-Compulsivo. Os pensamentos do medo extremo, fóbico, insistiam em voltar, mas uma luta constante limou uma árdua superação e me fez vencê-los. Com o tempo, não me lembrando da doença, os traumas inconscientes foram se curando, se cicatrizando. Esses traumas não terão mais o mesmo efeito porque não terão a importância que tinham. Eles não estarão mais presentes. Foi isso o que aconteceu comigo.

O último estágio da Fobia Social foi quando a esqueci. E alguém só esquece algo definitivamente quando não se abala mais com aquilo. O próprio bem-estar descarta a lembrança do problema. Os sintomas da Fobia Social deixaram de existir, por isso, me sinto muito bem em ambientes públicos e me divirto neles. É uma imensa satisfação frequentar esses ambientes e interagir com as pessoas. Eu queria que todas as pessoas que, de uma maneira ou de outra, passaram o que eu passei vivessem o que vivo agora! É gratificante. É uma situação que não tem palavras para descrever. O último estágio da Fobia Social foi quando me senti bem em ambientes públicos.

Baseado nesse raciocínio, se estou preparado emocionalmente, devo deixar as coisas fluírem. Quando não mais precisei me esforçar para lembrar de cada uma das constatações sobre a Fobia Social descritas no livro — porque já estavam plasmadas em meu inconsciente —, encontrei-me emocionalmente mais seguro. As informações fluíam por estarem gravadas em minha mente, na hora em que estava em ambientes sociais e, por isso, agia naturalmente. Não desenvolvia mais os sintomas. Quando me lembrava da doença, ela vinha. Quando a esquecia, desaparecia. Devo, por isso, relaxar. Só o grande relaxamento, assim como o fato de me sentir bem, me possibilitou ter melhor atenção, ler melhor, desenvolver todas as minhas atividades também de uma maneira muito mais eficiente e, principalmente, me desvencilhar da fobia perante o público.

Quando paro de lembrar permanentemente que tenho essa fobia e que não devo agir de uma forma ou de outra para neutralizá-la, é nesse momento que me sinto profundamente à vontade. Quando me sinto profundamente à vontade, esqueço o problema. Se não me preocupo, ele perde o significado. E, acima de tudo, o mais importante é sentir-me bem. Se me sinto em paz totalmente, não há grande motivo para a manifestação dos sintomas. O transtorno mental nasce de um desconforto psicológico. Se consigo anular esse desconforto, não há mais sintomas. Para me sentir em harmonia, não posso me prender aos sintomas e ao ambiente de forma nociva. Devo pensar em me sentir confortável sempre.

Esqueci que tinha fobia a partir do momento em que não sofria mais incômodos, desconfortos e me sentia muito relaxado em ambientes públicos. Quando deixei todas as minhas ações no automático em todos os lugares, recintos, nas minhas caminhadas, ao conversar com as pessoas, ao me servir em público.

Para vencer a Fobia Social, tive que esvaziar a cabeça de pensamentos para que os bons sentimentos pudessem fluir melhor. E preencher toda a minha mente com eles, estabilizando o quadro. Para isso, tinha apenas que sentir, e não pensar. O esquecimento da fobia vem, primordialmente, do sentimento. A paz dos pensamentos vem da paz dos sentimentos. Colocando bons sentimentos no lugar dos sofrimentos gerados pelos pensamentos e sentimentos anteriores, preenchemos o espaço que era tomado pela dor. Os pensamentos se esvairão e não haverá mais matéria-prima para esse transtorno.

Uma das bases para vencer a Fobia Social — um excelente caminho para esquecê-la totalmente — é aceitar o que foi, é ou será a opinião dos outros. Não lutar contra ela de forma equivocada. Não superdimensionar o medo de ser humilhado, ridicularizado. Aceitar de uma forma não comodista esse medo. E aceitar o que somos inevitavelmente. Quando não nos importamos perniciosamente com a opinião dos outros e com o medo de forma danosa, não há mais motivos para esse problema se fixar em nossas mentes. Para isso, é preciso aprender a aceitar as opiniões das pessoas e os reflexos que causam em nós. Dessa forma, estaremos mais perto da felicidade — o caminho estará mais aberto.

A felicidade está intimamente ligada à sensação de conforto que sentimos quando não damos demasiada importância ao julgamento de outros indivíduos em nossa vida. É claro que para chegar a esse ponto é preciso muito empenho e dedicação e, talvez, nunca cheguemos a ele na totalidade. No entanto, quanto mais eu tentar provar a mim mesmo o que posso fazer para me libertar desse problema, mais atolado nele ficarei. Mais pressionado. Não conseguirei "esquecer" o problema e não me sentirei bem. Devo deixar as coisas fluírem naturalmente. Quando estamos muito relaxados, não há motivos para nos importarmos com as coisas. O bom humor ajuda muito. Não dar importância aos medos é fundamental. Temos que ter inevitavelmente, e é importante que se diga isso, muita autoconfiança. A autoconfiança ajuda muito nesse sentido porque não nos deixa supervalorizar esses medos e nos mostra a possibilidade de lidar melhor com eles. A autoconfiança nos faz aprender com os momentos que se nos apresentam. Sem sermos arrogantes. Para alcançarmos o nosso bem-estar psicológico, para termos autoconfiança e diminuirmos significativamente o medo, devemos nos desligar dele o máximo possível. Controlar nossa emoção a ponto de não abalarmos a razão com relação ao ser humano em tudo que ele possa fazer de ruim a nós e que possa nos paralisar. Assim, a nossa cabeça tende a ficar tranquila e lúcida para resolvermos melhor os problemas. Desligando-nos do ser humano nesse sentido, enxergamos o medo e a fobia muito melhor. Tudo isso feito com muita descontração. Mais uma vez, com bom humor. Sem radicalismos, com sensatez. Não nos abatendo psicologicamente. Não se deixar abalar dá mais segurança, serenidade e alívio. Dois pilares para vencer o medo para mim foram: autoconfiança e tranquilidade.

A REALIDADE, A HUMILDADE E TODOS OS DEMAIS SENTIMENTOS

Baseado em tudo isso, não dar importância a esse medo profundo não é subestimá-lo. É uma sensata forma de defesa. E não dar uma importância exacerbada a esse temor é não estimular a mente a pensar em coisas que poderão nos desestabilizar. Acredito que, também, seja de fundamental importância para vencer esse medo fóbico não ter medo das nossas atitudes e reações malsucedidas em ambientes públicos e não nos importarmos com as nossas atitudes nesses ambientes. Tudo isso nos trará uma relação de causa e efeito psicológica que nos condiciona a não estimular nossas aversões cada vez mais, portanto. É claro que nunca poderemos conseguir fazer tudo isso sempre. Mas quando conseguimos não nos deixar atingir de fato, paramos de pensar na fobia, no medo automaticamente. Podemos, então, esquecer esse transtorno mental. Só me sentindo bem e esquecendo verdadeiramente a Fobia Social, ela se esvai inexoravelmente.

A única forma de conseguir vencer essa doença é vencer todos os seus sintomas. A não demonstração desses sintomas em ambientes públicos é fundamental para o êxito tão esperado. A vitória de não expressar o medo, superando esses sinais cruéis, constatei em mim mesmo da seguinte forma em ambientes públicos:

1. Servir-me e fazer quaisquer outras atitudes "ligado no automático" em quaisquer ambientes, inclusive os públicos. Ou seja, não pensar quando me servir e fazer essas outras atitudes, em momento algum, em como vencer o medo. E sim deixar o meu inconsciente e o meu consciente fazerem as coisas naturalmente. Não me apavorar de forma alguma. Deixar as coisas fluírem normalmente. Permitir que o movimento de pegar no copo e beber, e nos talheres para me alimentar simplesmente aconteça, por exemplo.

2. Em um outro estágio, servir-me sem pensar em deixar no automático. Não pensar em mais nada. Apenas me servir. Mais natural ainda que no primeiro item.

3. E, finalmente, servir-me distraído com o ambiente. Vendo as pessoas e a paisagem local. Sem me preocupar com fobia alguma ou com o que quer que seja.

É claro que todos esses fatores anteriores fazem parte do término de todo o processo. Depois de muita luta e determinação, cheguei a essas conclusões de forma empírica. Se deixo o bom sentimento no automático, venço a Fobia Social definitivamente. Dessa forma, devo deixar no automático também as ações pensando o mínimo possível: pensar só o bastante para executar essas atitudes normais dentro de um ambiente social. Não me preocupar e não pensar em nada além disso. Foi o que afastou os meus sintomas fóbicos. E só consegui fazer isso com bons sentimentos. Deixar as coisas fluírem automaticamente é uma boa forma de não pensar em coisas que nos façam mal, de "esquecê-las", porque elas tiram nossa concentração. Deixar o bom sentimento, o bom pensamento e as boas atitudes no automático. Não me importar com as consequências dos problemas, nesse sentido, e esquecer a doença, principalmente, os seus sintomas; tudo isso é fundamental não apenas para a Fobia Social, mas para o Transtorno Obsessivo-Compulsivo, para a falta de concentração e, acredito, para tudo. Pois deixa toda a concentração fluir muito, muito melhor e nos desvencilha do medo categórica e decisivamente.

Quando me sirvo de alguma bebida, por exemplo, deixo a mente leve, sem pensamentos e muito tranquila, para executar a ação da melhor forma possível, para deixar tudo mais natural. Quando a mente está leve, ela entra melhor em sintonia com a minha vontade, fazendo o que eu quero de forma mais calma, transparente e consciente. O corpo agora obedece à minha consciência mais facilmente porque está mais ligado a ela, portanto. Obedece mais à minha vontade. Por isso, a sintonia entre mente e corpo é muito maior quando a mente fica leve. É uma ligação muito mais eficiente e precisa. E, assim, quando a minha psiquê está nesse estado, os sintomas, principalmente os físicos da Fobia Social, tendem a acabar. É mais fácil deixar tudo no automático quando a mente está leve. Isso reflete nas minhas ações, que obedecem melhor ao que eu quero fazer.

Dessa forma, buscar resultados fica mais fácil. Buscar resultados, sim, mas não criar expectativas sobre eles. Nem sobre as minhas ações, portanto. Essas expectativas criam ansiedades que

A REALIDADE, A HUMILDADE E TODOS OS DEMAIS SENTIMENTOS

atrapalham a concretização desses resultados, dificultando a eficiência da realização dos nossos atos e nos deixando distantes do que queremos. Sempre que não tinha expectativas, eu me sentia bem verdadeiramente. Não desenvolvia os sintomas, muitas vezes. A não ansiedade na busca por resultados pode aumentar significativamente a autoconfiança, passo fundamental para vencer a Fobia Social e para tudo. Nessa doença, expectativas não correspondidas, o erro ou a demonstração de sintomas não podem mudar o que penso sobre mim mesmo, para prejudicar todo o caminho. Ir para os ambientes sociais sem ter medo de me decepcionar com os insucessos. Isso tira brutalmente a ansiedade e é responsável por me manter equilibrado.

Depois, cheguei à conclusão de que não ter medo de me decepcionar é mais eficiente que não ter expectativas por resultados porque, além de reduzir mais a ansiedade, afasta mais a possibilidade da decepção com os insucessos e com os erros no processo de vencer essa doença. Mantendo-me mais forte para tentar sempre mais. E, enfim, não ter medo de ter medo. Quando se controla bem o medo e não se tem medo de senti-lo, não há mais combustível para a Fobia Social. Toda a luta a partir de agora se torna algo mais natural e mais leve, quando todo esse processo inconsciente está muito bem consolidado. Não penso mais no problema e tudo corre naturalmente. O inconsciente regula e administra o desenvolvimento de todo esse processo. É claro que não há um limite preciso para o controle do medo. Mas quando conseguimos ter um domínio maior sobre ele, as consequências são uma autonomia maior, um controle mais eficiente em relação aos sentimentos, pensamentos e ações. Quando paro de estimular o medo fóbico, ou seja, quando paro de ter medo de sentir medo, esse sentimento se esvai.

Assim, uma forma de tentar controlar os sintomas da fobia é não fazer pressão no trauma psicológico. No exato momento em que ele ocorre, quando vou me servir em público, no ato de um gole de água, por exemplo, tenho que aliviar a tensão emocional para que não desenvolva os sintomas desse trauma, tal como a falta de controle no movimento das mãos. Não posso fazer pressão no trauma psicológico. Se fizer essa tensão mental, o organismo, fatalmente, reagirá mal. E demonstrarei os sintomas, tremendo as mãos, por exemplo. Devo fazer o oposto da pressão, relaxando todo o corpo, principalmente os membros superiores e os ombros para aliviar as tensões dos sintomas desse trauma. Quando uso a minha tranquilidade para não potencializar o trauma psicológico, alivio os sintomas da Fobia Social e posso até esquecer esse choque emocional.

Não se concentrando em esquecer a fobia como um todo, mas se concentrando em esquecer especificamente esse trauma, tira-se mais o estresse do problema na hora de não pressionar essa fonte de tensão emocional, suavizando ainda mais os sintomas de uma maneira muito mais aprimorada. De superação em superação, consegui resolver o incômodo psicológico da fobia como um todo.

Quando deixo de pensar em como fazer as coisas em um ambiente social, não me preocupando mais em deixar tudo no automático, portanto, faço uma transição mental para o esquecimento da Fobia Social, que foi o estágio final dessa doença para mim. Com o esquecimento, vem um sentimento: o da felicidade. Quando conseguimos nos sentir realmente felizes em ambientes públicos, é sinal de que realmente vencemos essa devastadora doença.

Encarar o medo de peito aberto depois de todos esses artifícios em todo o processo na luta contra a Fobia Social foi o último passo — o que me restava — para vencer essa luta. Houve uma grande preparação para chegar ao cerne do problema: o medo. Agora, depois de tudo, sinto-me munido e capaz de enfrentá-lo verdadeiramente. E foi assim que consegui vencer esse problema definitivamente. Hoje, quando estou em ambientes sociais, tento saber se o medo vem, se o tenho realmente e pergunto-me: *Medo de quê? Qual a sua intensidade?* Isso me leva a ter uma percepção muito mais clara e objetiva do problema. Por isso, consigo anulá-lo utilizando os conhecimentos e constatações feitas em todo o livro e, principalmente, neste capítulo. A Fobia Social só foi definitivamente vencida quando o medo incisivamente foi superado. Não houve outra alternativa.

Tudo neste capítulo valida a minha teoria de que, para manter bons sentimentos, pensamentos e ações, temos que desenvolver a capacidade de estimular e cultivar bons e saudáveis sentimentos. Eles são fundamentais para uma boa relação de causa e efeito psicológica e para melhorar a vida das pessoas para que tenham mais felicidade. Bons e saudáveis sentimentos são o que mudam e transformam comportamentos, como aconteceu comigo. Mas explicarei melhor no capítulo 18 — "Conclusão" essa relação de sentimentos, pensamentos e ações.

Quando não existem ameaças, normalmente reagimos bem. Mas quando há ameaças psicológicas e elas podem se transformar em realidade, ficamos apreensivos, nervosos. Os conhecimentos descritos em todo o livro me deram a base emocional para saber reagir e reverter as ameaças no curto e no longo prazo. Isso me dá tranquilidade suficiente para não me desestabilizar diante dessas ameaças, e, assim, sair mais forte de cada uma delas.

Depois de muito tempo de luta contra a fobia, quando saía — fosse com meus pais, fosse com a minha namorada, Lara —, já não desenvolvia esses sintomas porque não me sentia ameaçado. Raciocinei que com a presença deles não me sentia ameaçado em locais públicos. O problema, então, era desconstruir esse perigo mental no momento em que fosse a esses locais sozinho. A partir daí, baseado no estudo do meu problema, relatado neste capítulo, fui desenvolvendo mecanismos em minha mente para não me abater, frequentando esses ambientes. Ia, frequentemente, a ambientes públicos diferentes numa base de no máximo 5 a 8 vezes por dia. Às vezes, ficava resfriado de tanta bebida gelada que tomava nesses locais para vencer a fobia. Vi que estava vencendo definitivamente a Fobia Social quando andava pelos ambientes públicos e percebia as pessoas apenas como parte da paisagem. Evidentemente não me encontrava alheio aos ambientes, estava ligado a tudo de bom e ruim que poderia acontecer, mas completamente relaxado. Antes, quando o medo fóbico fazia parte da minha ótica sobre o mundo, ligava-me fortemente a cada ser humano que percebia nos ambientes em que passava. Esse medo fóbico me deixava sempre tenso e em estado de alerta a todo momento. Cada ser humano poderia representar um grave perigo na forma como eu enxergava o mundo naquela época. Depois de uma intensa luta, descaracterizei em minha mente o que é o medo fóbico. E me senti realmente bem em um ambiente social. Senti o medo "se descolar" da minha cabeça! Foi maravilhoso!

Após essa constatação, algum tempo depois, ainda na batalha pelo meu autoconhecimento, consegui me perceber realmente bem em um ambiente público. Tinha vencido verdadeiramente a Fobia Social. Tinha esquecido a doença. Não me recordava dela quando estava feliz. Foi no dia 19 de agosto de 2017. Depois de mais de 24 anos que a fobia se manifestou pela primeira vez, eu me senti realmente em estado de profundo contentamento novamente. Estava realmente feliz e pleno! Realizado porque consegui normalizar a ida a ambientes públicos. É algo que não tem preço. Foi uma sombria eternidade que se passou, mas como valeu a pena chegar até aqui. Como valeu a pena vencer o medo!

Durante minha preparação, existia uma mesa no centro de uma lanchonete que me deixava completamente mal, dava-me angústias. Isso gerou um trauma emocional. Por eu ter começado nela a luta contra a fobia. E pelo fato de não ter preparo emocional, o trauma foi aumentando. Mas, depois, de tanto frequentar aquela lanchonete e sentar àquela mesa, esse extremo medo se transformou em uma felicidade muito comovida. Pude constatar que venci esse último trauma, felizmente, com imensa alegria. E, por que não dizer, transformei a minha escuridão em um lampejo de luz.

Fiz uma separação psicológica entre, de um lado, o ambiente e as pessoas desconhecidas ou ameaçadoras para mim, de outro, o meu eu psicológico. Foi mais uma etapa vencida na minha estratégia para superar tudo isso.

Com toda minha preparação e ida a ambientes públicos, diminuí drasticamente minha ansiedade e obtive um controle sobre ela. Obtive, também, por consequência, um grande avanço no controle motor, na minha coordenação motora fina de modo geral e também nas situações específicas na hora dos grandes traumas. Com o sentimento de humildade, dando base à aceitação, e controlando a ansiedade, consegui toda essa conquista. Logrei controlar os sintomas da Fobia Social. Provoquei o desaparecimento maciço do medo como condição fundamental para vencê-la em definitivo. Até então eu já tinha conseguido esquecer a doença, mas não sabia que estava prestes a conquistar algo maior: o desaparecimento do medo de qualquer espécie, fóbico ou não. A primeira vez em que isso aconteceu foi em um shopping perto de casa no dia 28 de agosto de 2017. A partir daí, o meu raciocínio ficou consideravelmente mais preciso e sem interferências, o que aumentou a minha velocidade de pensar.

A sensação de dever cumprido por todo o trabalho feito me tirou um grande peso das costas, a vitória sobre uma grande angústia se transformou em uma verdadeira força. E, por incrível que pareça, esse alívio mental refletiu no alívio físico. O peso mental foi retirado como o peso em minhas costas, em meu corpo. Essa conquista possibilitou melhorar a minha postura física por não ter mais esse peso psicológico. Esse alívio mental melhorou a minha postura corporal, deixando-me mais ereto fisicamente. Com relação ao peso mental e físico — o sentido figurado refletiu no sentido literal. O alívio mental refletiu no alívio físico, deixando-me mais sereno e autoconfiante.

Quando você acha graça das suas próprias inseguranças, quando percebe os problemas acontecerem, e mesmo assim ainda se sente confortável, é sinal de que as coisas estão começando a ficar boas. É preciso saber administrar as adversidades para se chegar à felicidade.

Todas as vezes em que me percebo refletindo sobre tudo que me desesperava, o perigo da sociedade imaginado por alguém com Fobia Social, constato que esse pesadelo só existia dentro da minha psiquê. Mais uma vez, digo: devemos separar Realidade de ilusão. Separar o medo, da Realidade concreta. Quando não existem mais ameaças psicológicas em ambientes públicos, não há mais medo. Não há mais medos fóbicos, portanto. Se não existem medos fóbicos, não existe mais Fobia Social.

CONCLUSÃO DO CAPÍTULO

Quando me desligo emocionalmente das pessoas em um ambiente público, os laços de medo em relação a elas acabam. Só sentimos medo ou qualquer sentimento perante uma ou mais pessoas, se estivermos ligados psicologicamente de forma nociva a elas. As pessoas devem ser vistas como parte de um contexto social. E não como parte de um todo que nos enlaça psicologicamente nos intimidando, e por que não dizer, nos massacrando. Quando consegui me desligar emocionalmente das pessoas em um ambiente público, e desenvolver um domínio do relaxamento mental e físico, e, também, quando perdi o medo de errar, o medo de perder, quando venci o medo da ideia do fracasso, vi os meus sintomas começarem a desaparecer. Foi o raciocínio final abrangendo a Fobia Social, o Transtorno Obsessivo-Compulsivo e a falta de concentração. Quanto mais me envolvo emocionalmente, mais perto desses problemas fico. E sofro as suas cruéis consequências. O envolvimento sem controle com a dor e com o medo está, muitas vezes, ligado ao fracasso. Quando não me envolvo com o fracasso de forma nociva, perco o medo de errar, de perder, de fracassar. Com relação à dor e ao medo, quando deixo de criar um vínculo de resistência e me desligo psicologicamente deles, os seus efeitos vão embora. Sejam dores morais, mentais ou físicas. Não podemos criar resistência às dores. Da mesma maneira que vêm, devemos deixá-las ir. Foi a melhor maneira que encontrei para conseguir vencê-las.

Portanto, devemos nos apegar aos bons sentimentos e nos ligar a eles. E quanto a sentimentos nocivos e de dor, não devemos criar bloqueios, ou pensar obsessivamente neles, ou construir resistências psicológicas, pois assim não irão embora. Por isso, o apego aos bons sentimentos é fundamental para um futuro de felicidade. Como a verdadeira felicidade é um sentimento que nos faz bem, não está perniciosamente ligada a sentimentos nocivos. A real felicidade não pode estar ligada a sentimentos de dor de forma incisiva porque não será consistente e se desfará logo. Deixar a dor ir e não criar resistências é a melhor maneira de lutar contra ela. A mesma coisa com a ansiedade, a irritação: é preciso ser humilde para absorvê-las. Mesmo não concordando com o porquê. O fato de termos razão ao sentirmos dor não vai fazer com que ela pare, temos que deixar a razão de lado e pensar em nós, no nosso futuro e tentar vencê-la com humildade. Devemos absorver a dor e deixar a raiva contida nela passar, pelo nosso próprio bem. Não significa dizer que devemos aceitar as injustiças, mas que, para vencermos todas as injustiças, o melhor é exaurirmos da melhor forma a nossa dor.

Para atingir a felicidade, é preciso tentar se libertar do ser humano, da dor e do medo ligado a ele no sentido de não se apegar e não se influenciar toxicamente diante de seus pensamentos retrógrados e insensatos, más intenções, más opiniões, maus julgamentos e violências de toda ordem. Defender-se, sempre que possível. Aprender com o ser humano apesar de tudo, no sentido de que esse aprendizado seja uma libertação. Um grito de liberdade! Todo esse ato reside em conseguirmos realmente vencer a dor por meio da superação. Libertar-se do ser humano significa viver nossa individualidade bem, sem ser orgulhoso, egoísta. Sem querer o mal dele. Essa liberdade nos fará melhores porque, quando a vivemos de fato, nós nos sentimos muito mais serenos e preenchidos por dentro. E como o próprio nome diz, é algo sem amarras, sem grilhões. Grilhões mentais que nos prendem às outras pessoas como se elas fossem companheiras de cárcere, ligadas por dolorosas correntes de ferro. Mas muitas vezes afastadas, a vários quilômetros de distância fisicamente. Encarcerados na pior prisão: a mente. Inexoravelmente, a mente de cada um de nós é a nossa prisão mais fácil de entrar e, cruelmente, a mais difícil de sair. Em todos os sentidos, quando não somos humildes. Por isso, a liberdade é um contraponto, um caminho contrário ao da Fobia Social, do Transtorno Obsessivo-Compulsivo e de qualquer outro transtorno mental porque sem ela estaríamos presos ao medo, ao interior de nossas mentes.

Quem é livre de verdade não está sob o domínio de agonizantes medos. E só resta a nós primeiramente vencer esses terríveis temores. A vitória sobre todos os medos é a verdadeira libertação. Foi assim que venci os meus e continuo a tentar vencê-los. Por meio dos conhecimentos deste livro, transformei minha forma de ver tudo ao meu redor. Por intermédio dessa transformação, mudei em muito os meus valores. E graças a essa profunda transformação, inclusive dos meus valores morais, aperfeiçoando-os, venci os transtornos mentais que "viviam" em minha mente. Os transtornos mentais foram vencidos, principalmente, pela mudança de toda a minha ótica e percepção de vida. Não tenho mais os sintomas. E quando melhorei os meus sentimentos, inclusive os de dor e os de medo, acabaram os sintomas por completo. É claro: com a ajuda psiquiátrica. Os meus sentimentos foram responsáveis pelo sucesso no controle dessas doenças de uma forma que nunca imaginaria. Acredito que o domínio saudável dos sentimentos aliado à retidão dos valores morais possam ser os grandes trunfos contra essas cruéis doenças no futuro. Os bons sentimentos controlam os sintomas dos transtornos mentais, principalmente, o sentimento de humildade. Quando me desligo emocionalmente do medo e do ser humano ameaçador, tenho uma possibilidade muito maior de controlar os meus sentimentos e esses sintomas. Isso tudo aconteceu comigo. Todo esse raciocínio foi a conclusão na exaustiva batalha de todo o meu duro, mas edificante processo de aprendizado contra o sofrimento.

Tinha em minha mente uma frase que não me deixava desistir e me servia de profundo incentivo que era a seguinte: *Eu não sei como, não me perguntei como, mas eu vou conseguir!* Esse pensamento funcionava como uma espécie de choque para que me deixasse sempre ligado, vivo e não embriagado pelo medo. Uma defesa, talvez, inconsciente para tentar suportar esse sofrimento. Graças a essa imensa vontade de não desistir, pude colher o fruto de toda a minha superação. Hoje, tenho uma energia muito grande com equilíbrio graças ao controle do Transtorno Bipolar. É o único transtorno para o qual sou medicado. Tenho um perfeccionismo, um raciocínio metódico muito maior e uma grande persistência graças, principalmente, à vitória sobre o Transtorno Obsessivo-Compulsivo. E adquiri uma desenvoltura muito melhor perante o público, coisa que jamais aconteceria se não tivesse vencido a Fobia Social. O Transtorno Obsessivo-Compulsivo se foi. A falta de concentração se foi. A Fobia Social, também, se foi. Curei-me do TOC e da Fobia Social indiscutivelmente. Agora, depois de muita luta, restou o aprendizado. Com a vitória contra os transtornos mentais, consegui alcançar e sentir a verdadeira felicidade. E, por tudo isso, o aprendizado da autoconfiança é o que determina, muitas vezes, a vitória diante de duros obstáculos — de duras quedas. Só quem está preparado para cair verdadeiramente, e é muito importante que se diga isso, é quem está preparado para vencer verdadeiramente. Após todas essas constatações relatadas em todo o livro, que foram muito importantes para mim e serão, acredito, para as pessoas que buscam a paz como forma de felicidade, resta-me uma única e preciosa descoberta: o futuro do mundo está no autoconhecimento.

Observação: Para embasar o relato deste capítulo de informações importantes para o melhor entendimento do leitor, cito os dados a seguir. O processo para vencer totalmente os transtornos mentais que relato neste livro — Transtorno Obsessivo-Compulsivo e Fobia Social — foi consequência de um começo baseado no meu autoconhecimento. A vitória definitiva contra essas doenças começou com os primeiros relatos desta obra. O êxito completo, do início à superação, à cura em relação ao Transtorno Obsessivo-Compulsivo, demorou um pouco mais de três anos. E a vitória contra a Fobia Social de forma a me tornar apenas funcional, superando com muita dificuldade o medo em ambientes públicos, demorou um ano e um mês. Fui a locais públicos com muito esforço em mais de 205 oportunidades nesse período em um pouco mais de um ano para vencer o medo fóbico. Visitei, assim, dez lanchonetes diferentes, de minha preferência, pela grande quantidade de clientes que as frequentavam. Mas só consegui vencer de forma definitiva a fobia com pouco mais de três anos de luta intensa. **Tive grande cuidado para não ter um esgotamento emocional, mental e físico. E espero que todos que lutem contra qualquer transtorno mental tenham o mesmo cuidado. É de extrema importância frisar isso.** Como disse Thomas Edison, *Talento é 1% inspiração e 99% transpiração.* Ele também ressalta, *Nossa maior fraqueza está em desistir. O caminho mais certo de vencer é tentar mais uma vez. O caminho mais curto é sempre tentar mais uma vez.* Só com uma incansável luta, consegui transformar essa grande agonia em uma batalha, depois em um alívio, e em tão almejada Vitória.

18

CONCLUSÃO

Mais do que o conhecimento, o importante é o que fazemos com ele. O que importa não é o conhecimento propriamente dito, e sim o sentimento que o conduz. Sua intenção. A intelectualidade sem guia é algo muito perigoso, cruel, inconsequente, desgovernado e desastroso. Mas a boa intenção ligada ao conhecimento é algo esclarecedor, resplandecente e, muitas vezes, iluminado.

A solução nem sempre está diante de nossos olhos. Os nossos olhos não veem o que está além do concreto material. O homem, muitas vezes, só vê o lado material e esquece o verdadeiro sentido de palavras como felicidade, que, no fundo, é o que busca com todo esse materialismo. O materialismo é uma busca ingrata, insensata e de contentamento fugaz. Não podemos chegar a uma felicidade mais concreta por meio dessa filosofia de vida irrefletida porque nossa felicidade precisa de sentimentos muito mais sólidos. E os sentimentos que acompanham mecânicas ações como a aquisição de roupas, carros ou o simples enriquecimento não penetram em nosso interior, nem se aconchegam como sentimentos mais profundos, tais como a solidariedade, a empatia e a realização social.

Assim, devemos olhar por ângulos nem sempre tão evidentes ao homem. O distanciamento das situações, dos relacionamentos e de nós mesmos citado em outros capítulos é para ver melhor algo que está diante dos nossos próprios olhos. Muitas vezes, a solução está ao alcance da nossa visão. Outras vezes, tão perto que não vemos. Às vezes, mais perto ainda: dentro de nós mesmos. A saída para vencermos é enxergarmos o que os nossos olhos não têm capacidade de ver. É olharmos para dentro de nós mesmos.

Baseado nessas concepções, na mudança da visão e no que esse enxergar proporciona, reflito que não se fazem mais conhecimentos filosóficos tão originais e contundentes como no passado porque já se "espremeu tudo ou quase tudo da laranja". Para se ter novos conhecimentos filosóficos e outros saberes relacionados originais e incisivos como antes, temos que começar com outros conceitos, olhar o mundo com outros olhos. Termos outros ângulos de visão. "Não espremer mais a laranja", e sim escolher "uma outra fruta", "um outro alimento" mais interessante agora, por exemplo, não esquecendo o que de bom foi feito porque só assim teremos um outro caminho, outras saídas para os labirintos da existência humana. Essa inflexão de pensamento representa uma nova saída ligada imprescindivelmente à questão da importância da ênfase ao sentimento — acima do pensamento e das ações.

Para mudarmos verdadeiramente o ponto de vista, temos que ter um novo sentimento que seja pertinente a esse novo olhar. Não podemos ter uma visão ou uma compreensão profunda dos fatos, se temos um medo profundo. Ou uma grande comodidade. O sentimento mora na mudança de atitude, transformando a visão, a compreensão. E esse sentimento guia o pensamento e a ação a serviço dessa mudança. Por meio do sentimento, não somos mais os mesmos. Ou para o bem ou para o mal. Por meio dos sentimentos, o homem conseguirá mudar a visão do mundo e buscar novos panoramas filosóficos que olhem para além da "laranja". Esse sentimento tem que ajudar o homem a vislumbrar a vereda da existência humana. Acredito que só assim andaremos por outros campos para contemplar além dos que já foram vistos. E, dessa forma, sermos mais realizados na nossa travessia, na nossa caminhada.

Atitudes que levam a uma tranquilidade moral, paz de espírito nossa e de todos são, também, muito relevantes. Potencializam essas ações citadas anteriormente. Nesse sentido, os valores morais são os mais importantes para nós e para a sociedade. A benevolência, o altruísmo e a civilidade são fundamentais para vivermos melhor com todos e inclusive nos deixam mais tranquilos para aproveitarmos mais satisfatoriamente nossa vida. Muito da infelicidade humana diagnosticada hoje é reflexo de transtornos mentais. Os valores equivocados podem ser o estopim dos sintomas e provocar esses transitornos. A violência interna é outra cruel alavanca, muitas vezes, provocada de maneira irrefletida, destruindo tudo o que construímos. Somos, também, agentes do nosso próprio infortúnio. Nós supervalorizamos o dinheiro, o prestígio social que não temos na vã tentativa de ser quem não somos provocando em nós desequilíbrios como a Depressão, por exemplo. E, hoje, com o excesso de liberdade nos costumes da sociedade, perderam-se em muito esses valores morais, o que traz a falta de civilidade e o grande desrespeito ao cidadão. Além disso, o aumento dos crimes. Por isso, essas perdas nos dias de hoje alavancam a proliferação e a intensidade desses transtornos, principalmente, naqueles que são vítimas dessas formas de violência. Uma via para controlar esses desequilíbrios mentais e sociais é o resgate dos verdadeiros e essenciais valores.

A sociedade, como um todo, conseguiu grandes avanços. Agora luta e precisa romper os entraves que ainda a prendem. Mas é preciso saber lidar com a liberdade que está sendo conquistada para avançar cada vez mais. Seria o próximo e importante passo para uma possível grande evolução.

Antes a sociedade não tinha valores instituídos. Para conseguir os valores necessários para dar prosseguimento ao seu progresso, os recursos utilizados, muitas vezes, foram os da força. Por meio da força, de uma certa forma, conseguiu-se intimidar o homem. Por intermédio da autoridade, forças repressoras conquistaram alguma "ordem" nas instituições. Essa autoridade, ao passar do tempo, de alguma maneira, foi se atenuando à medida que a "ordem" foi se consolidando. Mas o que era justo? O que eram excessos? As autoridades chegaram ao lugar que almejavam? A população, de uma maneira geral, sempre foi oprimida. É difícil tomar partido de algo tão obscuro em todas as direções. De certo, a Verdade se perde nos fatos. Nunca a alcançaremos em sua total magnitude. Mas essa "ordem" sempre foi contestada em todos os sentidos porque se cometiam excessos. Era nociva. Algumas vezes de forma justa para muitos e para outros, não. Para muitos, ela era obtida com uma grande e cruel injustiça. A liberdade era algo muito difícil de vislumbrar. As pessoas precisavam se libertar. A sociedade avançou e, de uma certa forma, progrediu nos conceitos éticos; agora precisa avançar na independência, execução e soberania deles; na evolução do homem mais do que nunca.

Hoje, a sociedade conseguiu algo que queria conquistar há muito tempo. A liberdade. Liberdade de ideias, de ser quem somos independentemente da nossa raça, religião, opção sexual, etnia, entre muitas outras coisas. Não somos totalmente livres como queríamos de fato. Mas há uma liberdade muito maior para sermos quem somos e desenvolvermos a nossa vida mais abertamente e de forma muito mais justa. Entretanto, graças à insensatez do homem que se aproveita dessa liberdade de maneira equivocada, desvirtua-se muito dos valores morais hoje. E principalmente hoje, porque a abertura é maior. Pessoas se apropriam de um falso moralismo, de uma grande liberdade, prejudicando outros, algumas vezes veladamente, e não raro, tentando tirar proveito das circunstâncias em todos os sentidos, como no desrespeito com relação ao próximo, na usurpação da tranquilidade e dos direitos do semelhante. Alguns prejudicam a si próprios com atitudes inconsequentes e arruínam pessoas que não participam de suas vidas em seus atos de desatino. Outros indivíduos usam suas posições sociais e políticas para se beneficiar dessas frestas sociais, na lei no tempo atual. E não somente pessoas especificamente são vítimas dessas atitudes, mas a sociedade como um todo. A sociedade não evolui como deveria. O uso dessa abertura social por determinadas pessoas distorce o real caminho da liberdade, e, de uma certa forma, arruína o que seria muito importante para o bem-estar de toda a coletividade.

Já que a liberdade foi construída a duras penas e os valores podem se aperfeiçoar e se ampliar graças a essa liberdade, temos que unir as duas coisas agora. A liberdade unida a esses preceitos em prol do ser humano. Com a liberdade aliada aos valores morais, a sociedade vai poder produzir uma relação de causa e efeito necessária ao respeito mútuo em todos para que os problemas sejam resolvidos com a empatia e a sensatez fundamentais. E dentro dessa grande relação de causa e efeito social, deve haver bons frutos para todos, e que todos, sem distinção, se sintam inclusos nesse progresso. O real progresso só acontecerá quando esse grande avanço conseguir se estender a todos inevitavelmente. Tudo isso pode parecer distante, mas acredito nessa possibilidade, como acredito na evolução do ser humano.

A melhor forma de consolidar os valores morais é por meio do livre-arbítrio. Longe das amarras dos rígidos entraves. Por intermédio da liberdade de ações, de melhores opções de escolhas. Quando não se tem um grande olho para vigiar as próprias ações, é quando somos postos em prova. Seria um grande desafio para todos e consolidaríamos esses preceitos se fôssemos dignos deles. Se o ser humano tivesse maturidade e mérito para exercer tal liberdade. Se o homem não faz jus a essa liberdade, deve haver uma visão governamental mais centralizadora como forma de um olhar mais crítico.

Esses valores morais são refletidos nas ações de quem as pratica — boas atitudes. São refletidos em nossos sentimentos. Embora o agir regule o sentir e o pensar, como diz a análise do comportamento, vertente da psicologia, ele, o agir, é reflexo do que sentimos e pensamos antes de tudo. Ou seja, o agir obedece aos nossos sentimentos primordialmente. Existe aí uma relação de causa e efeito psicológica inerente ao próprio ser humano. Lutarmos para nos sentirmos bem, ajuda-nos a ter bons sentimentos, a pensar em boas atitudes e a agir da mesma forma. E esse movimento influencia o nosso futuro sentir, pensar e agir. Vivemos melhor, portanto.

Há um movimento circular, uma retroalimentação, quando fazemos uma boa ação. Essa boa ação reflete em nossos sentimentos, pensamentos e atitudes, e nos estimula a ser melhores cada vez mais, e nos sentirmos bem, o que deixa esse movimento circular, esse processo, cada vez mais forte e difícil de se quebrar quando estamos propícios a evoluir.

Só conseguimos agir bem, se nos sentirmos bem e pensarmos com otimismo. Não há atitudes da própria consciência isoladas do sentimento e do pensamento, inclusive pensamentos inconscientes. Se quisermos mudar a ação de alguém, temos que nos preocupar com o que vem antes dela: o sentir. E depois o pensar.

A melhor forma que encontrei para controlar meus pensamentos — obsessões — e minhas ações — compulsões — foi reeducar o

A REALIDADE, A HUMILDADE E TODOS OS DEMAIS SENTIMENTOS

meu sentimento por meio da aceitação das coisas de uma maneira geral. E, principalmente, por meio da humildade, a maior moldadora dos sentimentos, a força propulsora para modificar os sentimentos que servirão de matéria-prima para melhores pensamentos e ações. Se a humildade permite vermos nossos próprios erros e nos retratarmos deles, então, esse sentimento modifica os nossos pensamentos e ações. Portanto, bons sentimentos modificam nossos pensamentos e ações para melhor. As pessoas tentam controlar os pensamentos para controlar a concentração. Mas, muitas vezes, os pensamentos são involuntários. Muitas vezes, não temos o controle sobre eles. Principalmente quando queremos nos concentrar ou quando estamos com muito medo. É um caminho equivocado. A questão é controlar os sentimentos. Mas como controlar os pensamentos por meio dos sentimentos? Tento explicar no capítulo 17 — "Como venci a dor e o medo" — e tento explicar, também, neste capítulo. Consegui um significativo controle dos meus pensamentos e ações com sentimentos de aceitação e humildade, com os conhecimentos de todo o livro e com bons tratamentos psiquiátrico e psicológico.

O sentimento de humildade tem como natureza a percepção da retratação. Se faço algo errado, com a humildade, tenho a real possibilidade de me retratar. De guiar os meus pensamentos e ações para o outro caminho. Portanto, a humildade muda o meu pensamento, que muda a minha ação. Ela é o principal sentimento para a evolução. E essa evolução só existe se melhorarmos os nossos sentimentos, pensamentos e ações. Se melhorarmos a nós mesmos como pessoas. A humildade nos permite avançar. E tudo que vem depois — pensamentos e ações. É devastador mudar maus pensamentos e más ações em pleno curso. É como se tentássemos parar uma flecha em movimento. Temos que tentar "parar o arqueiro". Temos que anular a nascente do problema. E essa nascente são os sentimentos.

Portanto, os sentimentos — como uma construção que envolve um alto grau de componente cognitivo, de percepção e de avaliação de algo que existe na Realidade — constroem os pensamentos, que constroem as ações. Chamo esse grande fluxo de Movimento Essencial. Porém, não se faz o caminho inverso. Nem as ações, nem apenas os pensamentos produzem sentimentos. Os sentimentos se criam por si só em nossas próprias mentes embora possam ser influenciados. Mas o seu nascedouro é independente. A única forma de mudar a raiz dos sentimentos é por meio de outros sentimentos. E o sentimento que possibilita essas mudanças de outros sentimentos, pensamentos e ações em uma maior magnitude é o de humildade. Assim como o orgulho, o oposto da humildade, tem a responsabilidade inversa. Não existem atitudes conscientes ou inconscientes de cunho orgulhoso quando, naquele momento, se nutre uma irrevogável pureza. E o oposto é verdadeiro. Palavras não mudam sentimentos. Abraços e beijos também não. Os sentimentos se abalam quando queremos mudar e mudam quando permitimos essa mudança consciente ou inconscientemente. E isso é um trabalho profundo. Um trabalho árduo de transformação. Com sentimentos profundos de mudança. São motivos como esses que mostram que as ações e os pensamentos não fazem o caminho inverso para que cheguemos aos sentimentos que queremos. Tudo nasce no sentir. Creio, por tudo isso, que a solução para a melhora do ser humano em si está calcada no sentimento e, principalmente, nesse sentimento maior de retratação e superação, responsável pela nossa evolução: a humildade.

Com o real desenvolvimento desse poderoso sentimento, nós desenvolvemos a capacidade de empatia e nos sentimos iguais ao próximo, o que nos possibilita não termos sentimentos de superioridade, aperfeiçoando nossas virtudes para podermos ser mais solidários com o outro. O exercício da solidariedade, da caridade, deixa nossa humildade mais forte. Aumenta a relação de causa e efeito psicológica para fazer o bem e nos sentirmos melhores, construindo melhor, também, o ambiente.

O sentimento de complacência dá origem aos nossos pensamentos e os conduz. Os pensamentos, por sua vez, dão origem às nossas palavras faladas e escritas e as conduzem para sermos mais gentis. Nós nos expressamos mais gentilmente, portanto, a partir da complacência. Se conservarmos o sentimento de gentileza, isso refletirá em nossas atitudes conscientes e inconscientes. A prova

A REALIDADE, A HUMILDADE E TODOS OS DEMAIS SENTIMENTOS

disso é quando estamos chateados, revoltados. Se não estamos com bons sentimentos, nossas atitudes serão coerentes com nosso estado mental. Uma forma de melhorarmos nossos sentimentos é por meio de novas atitudes. Atitudes edificantes para aprimorarmos a relação de causa e efeito psicológica. Mas para que essas atitudes solidifiquem uma nova forma de agir, é preciso, também, uma fagulha, um sentimento inicial que "incendeie" a mente de bons sentimentos, para que depois as coisas possam seguir o seu curso mais naturalmente. Essa seria a primeira causa para uma grande e avassaladora sequência de efeitos, a mudança de ponto de vista. E essa mudança só existe quando reconhecemos nossos erros.

A arrogância anda lado a lado com a ignorância. Quem realmente entende e conhece não julga. O mal julgamento vem da opinião e o fato em si está além disso. O mal julgamento provém da ignorância humana, a falta de capacidade de compreender para tolerar o pensamento antagônico. O fato está além da opinião do homem. A complexidade de tudo extrapola sua visão. E o julgamento, filosoficamente falando, é falho. A humildade, na sua mais alta plenitude, não julga; compreende, acrescenta, acolhe. Vem primeiro do coração, e não do intelecto. Se tentássemos entender mais e julgar menos, seríamos menos infelizes. E veríamos que não sabemos nada ou quase nada. Entenderíamos que pensamentos e ações contrários ao andar do universo, descritos em toda a obra, jamais nos levariam a lugar algum. Sendo presunçosos, jamais aprenderemos como poderíamos aprender, porque quem julga saber tudo ou quase tudo de algo não precisa absorver mais sobre esse algo. Estagnando-se, então. O arrogante é cego para o mundo, para as pessoas que o cercam e para ele mesmo. Por não aprender a compreender o mundo como deveria e seria capaz, encarcera-se na prisão de grades enferrujadas da sua mente retrógrada e ultrapassada, de seu próprio e inflexível calabouço, que no fim das contas é o reflexo da sua própria acidez, orgulho e egoísmo. E, principalmente, pela falta de um amor verdadeiro aos outros e a si próprio.

Se temos ações mais equilibradas pelo sentimento de humildade, essas ações são mais lúcidas e não dão tanta vazão ao medo, pelo equilíbrio contido nelas. Por isso, a humildade está ligada à adaptação para sobrevivermos melhor, vivermos melhor, sermos mais felizes. A maior chave para vencer o medo é a humildade.

A humildade é a maior força. Provê a paz de espírito. Chama-nos à Realidade. E ninguém pode ser feliz muito tempo na ilusão, por melhor que ela seja. A humildade vem do sentimento, e não do conhecimento, não da inteligência. A humildade nos dá a tranquilidade para agirmos da melhor maneira e ficarmos mais fortes com a serenidade que nos proporciona. Ajuda a tirar de nossos ombros a pressão externa e, principalmente, a interna. Deixa a nossa visão mais iluminada. Por isso, e por tantos outros motivos, a humildade será sempre a nossa maior força.

O sentimento de humildade, dando base à aceitação, diminui ou cessa a dor moral e física. É o principal sentimento responsável por que absorvamos a dor fazendo com que ela incisivamente vá embora, citado na conclusão do capítulo 17 — "Como venci a dor e o medo". A humildade dá uma força fundamental na determinação, persistência, na luta contra o medo e na ansiedade e, por mais paradoxal que isso pareça, a real força está na sensata brandura. O domínio do medo e da ansiedade reflete contundentemente na luta contra a dor.

Baseado nesse sentimento, quando um homem cultiva boas emoções e é agredido, a possibilidade de agredir de volta é muito menor porque os sentimentos guiam os seus pensamentos e ações a não dar o revide. Mas quando esse mesmo homem, por qualquer motivo, está com raiva e não cultiva sentimentos de paz e sofre a mesma agressão, a possibilidade de agredir reciprocamente é muito maior.

Perdoando nossos erros, dificuldades, limitações, deficiências podemos perdoar os outros com mais facilidade. *A verdadeira evolução é a de dentro para fora.* Na maioria das vezes, o de que menos gostamos nos outros é o que temos em nós mesmos. Quando somos vítimas de alguma injustiça e temos ódio das pessoas que a cometeram, é porque, de alguma forma, não nos perdoamos. Isso ocorre quando não reagimos às hostilidades recebidas. Ou quando, de alguma forma, nos identificamos com o motivo da agressão, que representa uma fotografia humilhante nossa. Ou por nos assemelharmos no comportamento do agressor, que é um espelho para nós. Quando nos perdoamos e perdoamos o agressor, a importância dos nossos atos é maior do que a dele. As nossas atitudes são mais importantes psicologicamente do que a do outro. Para não sermos tão manipuláveis pelo meio, é preciso que nossa visão e ações tenham mais autonomia que as do outro.

Quanto mais autonomia e equilíbrio tivermos em determinados momentos delicados, menos seremos espelhos que se quebram nas duras quedas da vida. Dessa forma, seremos espelhos fortes, sólidos, que mais refletirão a Realidade, para aprendermos com ela e a crueza dos dias e melhor sobrevivermos a tudo.

A culpa, reflexo da Realidade, é como carne machucada pelos nossos próprios atos contra nós mesmos e contra outrem. E essa emoção penosa fere como uma dor latejante. A não culpa de um indivíduo está ligada ao autoperdão. Se o indivíduo é capaz de se perdoar pelas ofensas feitas a ele — não revidando, se defendendo apenas — e pelas ofensas que fez a outrem, então, pode perdoar a si próprio mais facilmente no futuro. Porque pode compreender melhor a si e, por consequência, o outro. A saída para tudo é o autoconhecimento. Para compreender e amar o próximo, temos que vislumbrar o nosso próprio interior. Por meio de um olhar generoso para nós mesmos, compreenderemos melhor o nosso semelhante porque nós somos a nossa maior referência.

O principal, sem dúvida nenhuma, é o sentimento. E esse sentimento tem como força motriz o amor. Não adianta sermos inteligentes, fortes, astutos se não houver amor; a consequência pode ser catastrófica. O amor é a maior sensatez. É a maior ajuda. É a maior felicidade. Uma felicidade concreta, que é pertinente ao homem, com altos e baixos, mas que traz um imenso prazer em viver, por ser verdadeira.

Porém, as pessoas pensam que a felicidade e o amor estão nos livros. Ou nas conquistas, ou nos títulos, ou na genialidade. Mas o conhecimento e as conquistas sozinhos não trazem a felicidade. A genialidade por si só, também, não traz a felicidade, e mesmo que trouxesse, ainda assim, teríamos um gênio em um milhão de habitantes. E o restante da população? Os que não são gênios seriam pessoas infelizes? Os que não têm facilidade intelectual excepcional não mereceriam ser felizes? A felicidade é mais "democrática". Temos que adaptar a eficiência e a excelência das conquistas da sociedade à nossa felicidade — a felicidade de todos no mundo contemporâneo. O que existe é o massacre de uma sociedade e seu pensamento priorizando objetivos que não oferecem aquilo que o homem mais quer na realidade: ser feliz. Mas ele não sabe, na maioria das vezes, como chegar a essa felicidade. É essa a busca que joga esse homem em uma encruzilhada, muitas vezes, insana: por conhecimento, educação, extremo perfeccionismo, e genialidade. É preciso, portanto, reavaliar o conceito e o caminho para a felicidade de uma forma menos utópica, mais sensata e pragmática. Visando à satisfação interior, que só se pode alcançar com brandos sentimentos intrínsecos à sinceridade interna que promovem o bem-estar. Assim, o homem estará muito mais apto a fazer o bem ao próximo. E não se perderá em sentimentos de grandeza como o orgulho e o egoísmo estimulados pela nossa sociedade. A humildade e a caridade são virtudes que promovem atitudes para o bem da sociedade por sua própria natureza. E nos mostram a pequenez do homem diante da grandeza do universo, por meio da modéstia, que estimula a solidariedade e visa ao melhor de toda a sociedade.

Portanto, o homem é infeliz quando não consegue se ligar ao mundo de uma forma saudável e edificante e não pode transformar sua vida para melhor. A infelicidade tem reflexos sérios nas nossas atitudes. Um conflito pessoal pode gerar consequências graves para a coletividade, o que é algo muito preocupante. Quem não está bem, fatalmente, comete atos concernentes ao seu estado mental, que podem ser um problema de todos. Muito da infelicidade vem do reflexo das más escolhas, mas também, muitas vezes, é produto da má índole do homem.

O maior problema do mundo é a má índole do ser humano, digo categoricamente. E não a má educação, a saúde desestruturada ou a justiça tendenciosa, porque não se constrói educação, saúde, justiça ou um país ou o que quer que seja sem bons valores. A solução não está nas instituições, e sim nos homens. Podemos ter homens muito bem-educados, inteligentes, mas que fazem muito mal a todos. Não resolveremos o problema mundial apenas com o conhecimento. A educação é muito mais que isso. O fato de afirmar que a solução de tudo é o conhecimento é, de certa forma, dizer que quem tem mais conhecimento é melhor. E isso não é verdade. A situação é muito mais profunda e complexa do que isso. É um mito, uma lenda que nos contam e acreditamos. E, sim, devemos levar em conta algo que vem antes desse conhecimento: os valores morais, o homem. A luta para desenvolvermos bons valores deve ser mais fomentada do que o conhecimento. Em mãos erradas e desonestas, o conhecimento pode se tornar algo altamente desastroso.

Mais uma vez, e é muito importante que se diga, para termos bons preceitos éticos na sociedade é melhor começar cedo. Com as crianças e os jovens. Estimulando desde sempre a caridade, com matérias nas escolas a respeito disso — matérias sobre a humildade, a caridade e o amor — e, principalmente, com o auxílio dos pais, professores e das instituições de ensino estimulando o exercício e prática da caridade. Primordialmente, para as pessoas que mais precisam, pela condição de maior necessidade. Só fazendo dessa prática um costume, poderemos ser seres humanos melhores. Quando fazemos algo muitas vezes ou sempre, a tendência é fazer cada vez melhor. E é assim com o exercício da caridade. Quanto mais cedo começamos a praticá-la, melhores pessoas seremos. É um hábito que, mais do que qualquer outro, nos ajudará a enxergar o mundo de forma diferente. Com o empenho de cada um de nós, da sociedade, mesmo que o governo não se interesse, a causa e efeito social e moral, de pequena, pode se tornar gigantesca.

A caridade é o melhor exercício da humildade. Ela constrói a evolução do ser humano pelas atitudes benéficas de quem as faz. A caridade é a atitude que edifica a todos, parte de nós e volta a nós, nos ajudando, de todos os cantos, nas formas mais inesperadas. Na solidariedade, na compaixão. Principalmente, quando o outro ou nós estamos em dificuldades.

O mundo só poderá vencer obstáculos se desenvolvermos dentro de nós o sentimento de empatia para não sermos isolados uns dos outros, embora no mesmo espaço físico. Isso acontece hoje, de forma contínua, graças ao mau uso dos avanços da tecnologia, entre outros fatores. E precisamos dessa contribuição mútua para conseguirmos avançar em todos os sentidos na sociedade para que todos nos beneficiemos verdadeiramente.

O mundo para nós e, principalmente, para os nossos filhos será melhor se nos empenharmos e não nos omitirmos verdadeiramente nessa ajuda ao próximo.

A história do homem e da humanidade, portanto, gira em torno de uma coisa principalmente: a superação. Seja ela qual for. Mas a que gera o progresso maior é a superação altruísta. Por mais que caiamos, a história do homem, da humanidade é a da reviravolta. Só quem consegue virar o jogo verdadeiramente sobrevive, vence.

Ninguém é imune às agressões da vida pela própria relação de causa e efeito a que somos submetidos. O que devemos fazer é aprender com as dificuldades, com as agressões. E reverter todo e qualquer percalço a nosso favor. Crescer e transformar essas dificuldades em pontos fortes, vantagens, em grandes méritos. A derrota é uma grande oportunidade para nos tornarmos melhores.

Só vencemos a nós mesmos com humildade. A humildade está associada à superação. E a superação, essa grande superação, está vinculada à vitória sobre os erros, sobre os equívocos: à evolução. E para superá-los temos que ser modestos, sensatos e lúcidos. Admitir as falhas como forma essencial, pré-requisito fundamental, para a grande conquista.

A humildade é a maneira mais significativa de vencermos nossas limitações e conseguirmos ficar abertos às soluções. Dessa forma, nos desligamos emocionalmente do problema a fim de termos maior autoconfiança, e aí sim, desenvolvermos a tranquilidade necessária para vencermos os obstáculos. A autoconfiança é maior quando mentalmente estamos concentrados e lúcidos. E ela é realmente eficiente quando somos simples em nossos sentimentos para resolvermos de fato todos os problemas, sem subestimá-los ou sem nos perdermos em função do desequilíbrio.

A REALIDADE, A HUMILDADE E TODOS OS DEMAIS SENTIMENTOS

A melhor forma que encontrei para me defender das minhas dificuldades, limitações e das suas consequências foi me melhorar incessante e incansavelmente tentando ter grande persistência e determinação. A cada dificuldade, rebatê-la com maior coragem e decisão. Não fugir da Realidade e da real verdade dos fatos. Ser incansável na busca dessa Verdade. A melhor forma que encontrei para me defender dos problemas foi não fugir deles. A fuga, nesses casos, é uma prisão. E para me libertar dessa prisão que é a fuga não podia tentar escapar dos fatos. Tinha que tentar ser forte. Adaptar--me à minha realidade. Transformar a dificuldade em superação. Mais uma vez, só quem está preparado para cair verdadeiramente é quem está preparado para vencer verdadeiramente.

A Verdade não pertence a quem quer que seja. Construímo-la todo dia e somos responsáveis por ela. Assim, ninguém é dono da Verdade. Ninguém sabe tudo ou tem o seu total controle. As leis do universo existem, mas não as controlamos. Controlamos insignificantemente os efeitos delas. As leis do universo independem do nosso controle, a Verdade está submetida a essas leis. Portanto, não dominamos a Verdade nunca por completo. A Verdade não pertence a nós, jamais, como imaginamos.

Sendo submetidos à verdade dos fatos, às leis do cosmos e às agruras da nossa realidade, não podemos fugir à verdade que nos pertence. Devemos transformar as asperezas da Realidade em algo frutífero. Estranhamente temos que agradecer às agressões do ser humano, sejam de qual ordem forem, porque, por meio dessas agressões, se reagirmos bem a elas, nos tornaremos seres humanos melhores. E por intermédio dessa evolução, ficaremos mais imunes às futuras hostilidades, agressões, da pior espécie. Se quisermos ser imunes ao mal, não é fazendo o mal que o conseguiremos. Quando mudamos o ângulo de visão, vemos que fazendo o bem ficaremos mais fortes contra os males. É um grandioso passo para sair desse ciclo, desse interminável impasse que circunda nossas mentes. Não se deve tratar algo pernicioso da mesma forma como ele se apresenta. Com o mal, não se resolve problema algum definitivamente. Com o mal, não se conclui nada. Mas o bem nos deixa mais próximos da solução. Pelos sentimentos, pensamentos e ações de estabilidade que lhe são peculiares. Portanto, as agressões geram sentimentos de revolta, hostilidade, dor. Sentimentos que estão distantes da paz que nos dá a felicidade. Já o perdão e a evolução moral nos dão sentimentos de completude. Atitudes agressivas que produzimos sem reflexão não nos dão a oportunidade de evoluirmos. Por mais que sejamos agredidos, se perdoarmos, as trevas pertencerão tão somente ao agressor. Venceremos sem desrespeitar nem atacar a ninguém, porque essa é a verdadeira vitória. A da justiça e a da complacência. A grande evolução é ficarmos cada vez mais imunes às agressões de toda ordem e nos "aproveitarmos" delas, das que não conseguimos evitar, para evoluirmos com o nosso aprendizado.

Por tudo que foi relatado, digo que os conhecimentos deste livro me salvaram, salvaram minha vida. Quando entramos nos labirintos da vida, muitas vezes, não sabemos que entramos. Quando entramos, não sabemos quando e como vamos sair. Mas não atente contra você e contra sua própria vida. Não sabe o que acontecerá no futuro. Coisas maravilhosas podem vir a ocorrer. Nunca conseguiremos prever hoje com exatidão o que acontecerá. Não desista! Se tivesse cultivado o rancor e a revolta dentro de mim, definitivamente, teria sido consumido por eles e, provavelmente, não teria sobrevivido a esse labirinto. Sobrevivido para uma felicidade que valeu cada sacrifício durante a longa batalha. Como valeu a pena! Vale a pena tentar ser humilde, benevolente, cultivar o amor, porque a recompensa é maior do que todo o sofrimento da mesquinharia, do ódio, da inveja, da vingança, do egoísmo e do orgulho.

E por mais frio que seja o silêncio, por mais que suas mãos se prostrem diante da dor, e não consiga enxergar o que está a poucos metros de você pelo medo, por mais que não acredite em si próprio, não se revolte contra a dor. A compreensão dela o fará um ser humano melhor. Transformá-lo-á em alguém mais sensato. Quando vencer a dor, será uma pessoa mais realizada. E aprenderá com ela. Aprenderá porque terá mais amor e compaixão. Compaixão por si mesmo e pelos outros. Compreenderá mais a agonia do semelhante. A dor você transformará em luz e a luz é a compreensão. A compreensão é o amor. O amor é todas as respostas.

RELATO PESSOAL

Este relato que darei agora é um depoimento pessoal independente da filosofia, das argumentações descritas no livro e de religião, embora elas tenham me ajudado a suportar tudo que passei e a ser alguém melhor. Ainda que procuremos agir baseados nos princípios da integridade moral, na retidão das ações, não existem muitas opções para se fazer a coisa certa diante das situações adversas, para que o nosso agir seja moldado em coisas benignas. Não há muitas maneiras de se fazer o melhor. E para fazermos o melhor temos que desenvolver a aceitação, principalmente, para nós mesmos — o nosso autoconhecimento. Quanto mais evoluídos moralmente formos, mais teremos a capacidade de aceitar. E aceitar mais algo longe de nossa visão abstrata. Eu não acreditava em Deus. Muitos questionamentos que fazia não eram respondidos. *Por que tantas angústias? Por que tanto sofrimento? Tantos massacres? O que estou fazendo aqui neste planeta? Por que não sou feliz?* Com a aceitação, com os pensamentos por meio dela, das suas premissas, consegui ter uma liberdade maior dentro de mim para enxergar o mundo com outros olhos e o ver sem ressentimentos, ódio.

Tudo isso me deu entendimento para absorver o que vou lhes dizer agora. Estava assistindo com minha mãe e meu pai a um noticiário na televisão. E angustiado, mas já com o entendimento da aceitação, assisti a uma reportagem sobre idosos com síndrome de Down. E ao ver um choro contido de uma senhora com esse problema, a repórter perguntou com toda a delicadeza como ela fazia para suportar o seu fardo? Ela respondeu que conseguia viver, sobreviver de uma única forma: acreditando em Deus. Aquilo ficou durante um certo tempo em minha cabeça. E com o sofrimento que eu tinha, quando fui tomar banho, inesperadamente, "caiu a ficha": tenho que acreditar em Deus. Fiquei muito emocionado! Isso fez a minha vida melhorar e tomar um outro sentido dali por diante, porque a revolta que tinha em mim foi se esvaindo.

A questão da aceitação, como aceitamos as coisas, o mundo, o outro e a nós mesmos nos dá uma possibilidade maior de acreditar em Deus. O homem precisa dar um sentido à sua vida para ser feliz. A aceitação e a humildade dão esse sentido, e aceitar Deus dá mais um novo sentido, uma felicidade maior. Esse sentimento de confirmação, de concordância íntima nos liga à felicidade. E a felicidade está em entender a aceitação como pré-requisito para ser feliz. Entender uma grande agressão sofrida e não se abater, por exemplo. Apesar de o reconhecimento da Realidade dos fatos no plano material ser algo edificante, o reconhecimento da Realidade que nos dá mais contentamento é o que há de mais intangível. Deus, muitas vezes, é a mais difícil admissão, por exigir de nós a maior capacidade de abstração e entendimento, que é aceitarmos sua existência. Não o vemos, não o ouvimos. No entanto, Deus é a maior felicidade. As aceitações mais abstratas e metafísicas são as que nos dão mais contentamento. O maior bem-estar não se encontra em coisas materiais. Dessa forma, a aceitação mais abstrata e metafísica e que nos proporciona mais felicidade é a de Deus.

REFERÊNCIAS

ALVES, Rubem. *Filosofia da ciência*: Introdução ao jogo e a suas regras. São Paulo: Edições Loyola, 2000.

NAGEL, Thomas. *Uma Breve Introdução à Filosofia*. São Paulo: Martins Fontes, 2001.

APA – American Psychiatric Association. *Manual diagnóstico e estatístico de transtornos mentais*: DSM-5. Tradução: Maria Inês Corrêa Nascimento *et al*. Revisão técnica: Aristides Volpato Cordioli *et al*. 5. ed. Porto Alegre: Artmed, 2014.